L'Oracle de
l'ASCENSION

Texte d'Eloha Loups
Illustrations de Stéphanie Pitino

Création maquette et mise en pages :
Bénédicte Souffrant – PCA-CMB

ISBN : 978-2-7029-2795-3

info@guytredaniel.fr
www.editions-tredaniel.com
www.facebook.com/tredanieleso
@tredaniel_eso

Eloha Loups
Illustrations de Stéphanie Pitino

L'Oracle de l'ASCENSION

LE COURRIER
DU LIVRE

27, rue des Grands-Augustins
75006 Paris

SOMMAIRE

LES CARTES

INTRODUCTION

L'ascension, dans le domaine spirituel et ésotérique, est un processus de développement personnel et de croissance spirituelle qui conduit à une expansion de la conscience et à une connexion plus profonde avec notre nature spirituelle.

L'ascension est un cheminement vers des états de conscience supérieurs, où l'individu acquiert une compréhension plus profonde de son être et de sa place dans l'univers. Cela peut impliquer une élévation de la fréquence vibratoire, une expansion de la conscience, l'activation de potentiels latents, et l'ouverture à des dimensions supérieures de réalité.

Dans ce processus d'ascension, l'individu peut être confronté à différentes expériences, défis et transformations. Il peut être appelé à guérir les blessures du passé, à libérer les schémas de pensée et les croyances limitantes, et à intégrer des aspects de son être qui étaient restés dans l'ombre.

L'ascension est comme un voyage intérieur, où l'individu est invité à explorer les profondeurs de son âme et à se reconnecter avec sa véritable essence. C'est un chemin qui demande engagement, ouverture d'esprit, discipline et persévérance.

Chaque individu peut vivre son processus d'ascension de manière unique, car nous sommes toutes différentes et nous avons chacune notre propre cheminement spirituel. Certaines personnes peuvent connaître des périodes de transformation intense, tandis que d'autres peuvent vivre des changements plus subtils et progressifs.

L'ascension permet l'éveil de certaines capacités spirituelles et extrasensorielles, telles que l'intuition développée, la clairvoyance, la clairaudience, et d'autres dons spirituels. Cependant, il est important de noter que ces capacités ne sont pas le but ultime de l'ascension, mais plutôt des effets secondaires du processus d'expansion de la conscience.

10

L'intelligence divine

L'intelligence divine est une force qui transcende notre compréhension humaine. Elle est la source de la sagesse infinie et de la connaissance universelle. En nous connectant à cette intelligence, nous accédons à des *insights* profonds et à une clarté supérieure.

C'est une guidance intérieure qui nous oriente vers les choix les plus alignés avec notre véritable essence. En permettant à l'intelligence divine de nous guider, nous ouvrons la voie à une vie empreinte de beauté, de vérité et d'harmonie.

Dieu est la représentation de la Trinité, où Binah occupe la place du deuxième élément. Cette énergie se manifeste à travers la compréhension, le magnétisme, le yin, la mère divine et l'intelligence divine. Elle est également liée à Saturne, contrairement à la croyance populaire qui associe Saturne au temps. En réalité, Saturne crée un espace dans notre dimension humaine pour développer notre conscience.

C'est dans cette énergie que la vie peut sembler se figer (la mort), mais en réalité, c'est là que l'on trouve l'énergie du karma, le retour de ce que tu as semé, qui sert un seul objectif : ton évolution de conscience. C'est pourquoi cette énergie est associée à l'élément de l'eau, aux émotions et aux sentiments.

MESSAGE

« Ton avancée ne pourra se faire que lorsque tu auras compris que ton élévation de conscience passe par la connaissance. Avant de te plonger dans la connaissance cosmique telle que l'astrologie, les annales akashiques, l'hermétisme, le mysticisme ou la magie, commence par te connaître toi-même.

Tu vis dans un espace-temps illusoire où tes vies passées et futures coexistent.

Il est entre tes mains de réparer, de prendre conscience et d'aimer les graines de toutes tes vies. En toi réside la connaissance du ciel et de la terre, du yin et du yang, de l'ombre et de la lumière... Plonge en toi-même pour cesser de juger, de comparer, d'envier et de critiquer, car tu ne connais rien de ton prochain, et encore moins de toi.

Commence par plonger dans ce que tu observes chez les autres, comme un miroir que tu hésites à regarder en toi. La violence, la jalousie, la colère, la dureté, l'impulsivité, les préjugés, la paresse, l'inconstance... Ce ne sont que des aspects à observer en toi et à guérir. Guérir signifie t'observer attentivement, puis les accueillir pleinement avec tes cinq sens, pour finalement les laisser partir grâce à ta volonté et à ta foi.

Rappelle-toi que tu ne vis que ce que tu rayonnes... Alors sème ce que tu souhaites voir fleurir dans ta vie. »

CARTES SYMBOLES

11

Le pentagramme

Le pentagramme, avec ses cinq branches représentant les cinq éléments, symbolise le corps humain. Le chiffre cinq est associé à l'intelligence parfaite et à la maîtrise du monde.

Afin de manifester ton esprit dans sa perfection divine, il est essentiel d'harmoniser ces cinq éléments au centre. Cependant, il est préalablement nécessaire de maîtriser les quatre éléments afin de permettre au cinquième élément, l'esprit, de se révéler en toi. C'est ainsi que tout sera ramené au centre, car seule la part parfaite et divine de toi-même, représentée par Dieu (l'univers), existe en toi.

Si tu as tiré cette carte, cela signifie que tu as atteint un certain équilibre, mais il est temps de te rappeler que tu es infiniment plus petit qu'une goutte d'eau. Souviens-toi de la citation de Gandhi : « Nous ne sommes peut-être pas Dieu, mais nous sommes de Dieu, comme une petite goutte d'eau est de l'océan. »

Rappelle-toi que c'est en te remettant entre les mains du divin que tu peux véritablement expérimenter la grâce sur cette Terre. Tu deviens ainsi un instrument de Dieu, transmettant l'amour et la lumière divine plutôt que de mener une existence purement individuelle et matérielle.

RITUEL

Pendant un mois, pratique un rituel de méditation avec le pentagramme doré.

Visualise-le devant toi, avec sa pointe dirigée vers le haut, chaque soir. Dessine-le également dans le vide devant toi, en le tournant vers l'est, afin d'augmenter ta vibration électromagnétique.

Au cours de cette méditation, laisse ton esprit s'immerger dans la présence du pentagramme, en te connectant avec ses

symboles sacrés et ses énergies. Permets à son influence bienveillante de pénétrer ton être, en élevant tes vibrations et en favorisant ton harmonie intérieure.

Sache que cette pratique a le pouvoir de renforcer ton lien avec les forces universelles, t'aidant ainsi à atteindre un état de conscience supérieur. Reste ouverte et réceptive à cette expérience spirituelle, et permets au pentagramme de te guider vers une élévation spirituelle et une plus grande connexion avec le divin.

Après un mois de pratique régulière, tu pourras constater les bienfaits de cette méditation avec le pentagramme argenté ou blanc, et les transformations positives qu'elle aura apportées dans ta vie. N'oublie pas de toujours pratiquer dans un esprit de respect et d'intention pure, en accord avec tes croyances et ta quête spirituelle.

12

La croix

La croix symbolise à la fois ton axe vertical et horizontal, représentant des concepts importants. L'axe vertical te rappelle ta connexion avec la terre et le ciel, à l'instar d'un arbre enraciné dans le sol et s'élevant vers le ciel. Il incarne ton lien entre le monde terrestre et le monde spirituel.

L'axe horizontal renvoie à ta part féminine et masculine, à ton équilibre intérieur. Lorsque tu parviens à harmoniser ton féminin (représentant le magnétisme) et ton masculin (symbolisant l'électricité), tu peux manifester sur Terre tout ce que tu désires, en alignement avec ton axe vertical. Cela englobe à la fois ton aspect humain, en lien avec la réalité terrestre, et ton aspect divin, en relation avec le céleste.

Le pont entre l'axe vertical et l'axe horizontal se trouve au cœur de ton être. Il consiste à être conscient de toi-même, en alignement avec ton âme, et à intégrer pleinement ton corps et ton esprit. En ramenant toutes ces dimensions au cœur de ton être, tu peux trouver l'harmonie et réaliser ton plein potentiel.

RITUEL

1. Trouve un espace calme et paisible où tu te sentes en sécurité pour effectuer le rituel.
2. Visualise une croix devant toi, représentant ton axe vertical et horizontal, symboles de l'équilibre et de la connexion.
3. Prends quelques instants pour te centrer en respirant profondément, en laissant tes pensées se calmer.
4. Identifie une émotion que tu souhaites libérer et laisse-la émerger, en la ressentant pleinement dans ton corps.

5. Place ta main gauche sur le bras vertical de la croix, représentant la libération de l'émotion.
6. Exprime à voix haute cette émotion en utilisant des mots ou des phrases qui décrivent ce que tu ressens, en laissant les mots véhiculer ton émotion.
7. Ensuite, place ta main droite sur le bras horizontal de la croix, symbolisant l'alignement et la guérison.
8. Visualise l'énergie de la croix et tes mains transmutant cette émotion en une énergie de guérison et d'équilibre, libérant ainsi son emprise sur toi.

13

La fleur de vie

La fleur de vie représente une offrande à la Terre, rappelant aux êtres humains leur origine au plus profond de leurs cellules. Elle se manifeste comme une étoile céleste sacrée, prenant forme dans la matière.

Sa géométrie offre une connexion directe, au-delà des pensées, des idées et des mots, permettant ainsi une transformation directe de l'ADN.

La fleur de vie est une entité vivante grâce à son énergie intrinsèque, capable de mettre les choses en mouvement et de les transformer. Sa fonction principale est de ramener les cellules à la vie et à l'alignement entre le ciel et la terre.

« Accueille-moi comme si tu savourais le nectar le plus exquis.

Ce nectar conduit ta cellule jusqu'au cœur de la source première. En m'accueillant avec ta volonté et ta charge électromagnétique, tu permets une régénération progressive de ton corps physique, qui se transforme pas à pas, te permettant ensuite d'intégrer d'autres codes de la source qui te conduisent vers ton éveil.

Je suis un code d'activation pour la planète entière, je suis le centre, agissant au cœur de la cellule mère. »

RITUEL

1. Remplis un récipient d'eau pure et place-le devant toi.
2. Prends la représentation de la fleur de vie et plonge-la délicatement dans l'eau.
3. Prends quelques instants pour te centrer et te connecter à l'énergie de la fleur de vie.
4. Visualise l'eau s'imprégner de la géométrie sacrée de la fleur de vie, se chargeant de son pouvoir et de sa vitalité.

5. Prends conscience de l'intention de purification et de guérison que tu souhaites infuser dans l'eau.
6. Place tes mains au-dessus du récipient et envoie ton intention et ton amour à l'eau en la bénissant.
7. Ressens l'énergie de transformation et de régénération se diffuser dans l'eau.
8. Utilise cette eau bénite pour te purifier et te rafraîchir, en aspergeant ton visage, tes mains ou en versant un peu sur ton corps.
9. Laisse l'eau de la fleur de vie, purifier ton être physique, émotionnel et spirituel, en libérant les énergies stagnantes et en favorisant l'harmonie.
10. Exprime ta gratitude envers l'eau et la fleur de vie pour leur pouvoir de guérison et de transformation.

14

Les étoiles

Les étoiles, points de connexion entre notre système solaire, la Terre et les autres systèmes galactiques, sont une cartographie logique et vivante de l'univers, nous permettant de nous orienter. Elles forment une toile interconnectée, communiquant entre elles à travers leur positionnement et leur évolution. Chaque étoile est un organisme vivant à part entière, offrant sa guidance unique. De plus, chaque étoile possède une signature vibratoire spécifique, portant une charge électromagnétique qui bénéficie à notre système solaire et aux autres systèmes.

Certains êtres humains jouent un rôle crucial dans la transmission des informations provenant de ces étoiles, ainsi que dans l'ancrage de ces informations sur Terre.

Si cette carte t'est apparue, c'est le signe qu'il est temps de te connecter à ton étoile personnelle. En effet, nous sommes tous liés à une étoile particulière, où nous portons un encodage spécifique, et il est temps d'explorer cette connexion plus profondément.

RITUEL

1. Choisis un endroit extérieur où tu peux avoir une vue dégagée du ciel étoilé, de préférence lors d'une nuit claire et sans pollution lumineuse.
2. Installe-toi confortablement, ferme les yeux et prends quelques instants pour te détendre en respirant profondément.
3. Imagine que ton regard intérieur s'ouvre vers le ciel, se connectant aux étoiles et à leur lumière éclatante.
4. Visualise une étoile qui brille intensément, attirant ton attention. Fixe ton regard intérieur sur cette étoile, en te sentant attirée par sa beauté et sa présence.

5. Perçois comment cette étoile te transmet un message silencieux, une sagesse céleste qui t'invite à ouvrir ton regard sur les possibilités infinies de l'univers.
6. Laisse la lumière de cette étoile pénétrer tes yeux physiques, se fondre avec ta vision, en t'ouvrant à une perception plus large et à une vision élargie de ta réalité.
7. Ressens comme la connexion avec cette étoile éclaire ton chemin personnel, en t'apportant clarté, inspiration et confiance dans tes choix et tes actions.
8. Exprime ta gratitude envers cette étoile et toutes les étoiles présentes dans le ciel, pour leur lumière qui guide tes pas et pour l'expansion de ta vision intérieure.

À la fin du rituel, ouvre doucement les yeux et laisse la sérénité de la contemplation étoilée t'accompagner dans ton quotidien.

15

La rose

La rose, avec ses soixante-douze pétales, symbolise l'ouverture du cœur. Elle représente la connexion entre la terre et le ciel à travers sa tige verticale. Les épines de la rose nous rappellent que le chemin vers cette conscience spirituelle est jalonné d'étapes.

Ces étapes, tout comme le fait de prendre une rose entre tes mains, peuvent être vécues de différentes manières : parfois avec douleur et blessure lorsque les épines piquent, et d'autres fois avec douceur lorsque tu laisses ta main épouser les épines avec délicatesse.

Les soixante-douze pétales de la rose symbolisent le bourgeon qui s'ouvre lorsqu'il est bien nourri, activant ainsi la glande pinéale et créant un pont entre ton esprit et ton être supérieur.

Pour nourrir correctement le bourgeon de la rose, qui représente ton cœur, il suffit de nourrir ton âme. Chaque âme est unique et a des besoins différents, car l'expérience de l'amour est unique pour chaque être humain sur cette Terre. Prends le temps d'écouter les besoins de ton âme et d'y répondre avec bienveillance et compréhension. Ainsi, ton cœur s'épanouira comme une magnifique rose, rayonnant l'amour dans toutes les directions.

RITUEL

1. Procure-toi des boutons de rose séchés, de préférence bio.
2. Pendant vingt et un jours, prépare une décoction en mettant trois boutons de rose dans un litre d'eau frémissante et laisse infuser pendant dix minutes.
3. Bois cette décoction à trois moments de la journée, en te connectant à ton cœur et à ton âme, en ressentant l'activation de ta glande pinéale.
4. Le matin, au réveil, bois une tasse de cette décoction en te mettant dans l'intention d'ouvrir ton cœur à la découverte de la journée qui s'offre à toi.
5. Vers seize heures, prends une autre tasse de décoction, affirmant ton

« oui » à l'expérience de cette vie avec foi, comme un vœu d'incarnation que tu répètes en toi.

6. Enfin, juste avant de dormir, bois une tasse de décoction, en posant avec conscience le désir de t'abandonner entre les mains du divin et de l'unité.
7. Laisse l'énergie des boutons de rose séchés pénétrer chaque goutte de la décoction, te nourrissant à la fois physiquement et spirituellement.
8. Durant ces vingt et un jours, observe les changements subtils dans ton état d'esprit, ta perception et ton ouverture au divin.

Voici une alternative qui peut être réalisée sur une journée :

1. Prépare ton espace de rituel en t'assurant d'avoir une surface propre et dégagée. Tu peux également allumer la bougie blanche et l'encens pour créer une ambiance propice.
2. Assieds-toi confortablement et prends quelques instants pour te recentrer. Respire profondément et détends-toi.

3. Prends la rose fraîche dans tes mains et observe-la attentivement. Contemple sa beauté et sa symbolique. Réfléchis à l'intention de ton rituel. Que souhaites-tu attirer ou manifester dans ta vie ? Prends le temps de clarifier ton objectif.
4. Sur le morceau de papier, écris ton intention de manière claire et concise. Utilise des mots positifs et affirmatifs. Par exemple, si tu souhaites attirer l'amour, tu peux écrire : « Je suis ouverte et prête à recevoir l'amour dans ma vie. »
5. Place le morceau de papier devant toi et dépose la rose fraîche dessus. Imagine que l'énergie de ton intention est transmise à la rose à travers ton toucher.
6. Allume la bougie blanche et l'encens. Laisse leur lumière et leur parfum remplir l'espace autour de toi.
7. Tiens la rose devant toi et répète à voix haute ton intention, en utilisant des mots forts et convaincus. Visualise ton objectif déjà réalisé, ressens la joie et la gratitude que cela t'apporte.

8. Une fois que tu as exprimé ton intention, place doucement la rose dans le petit bol d'eau. Imagine que l'eau absorbe et amplifie l'énergie de ton intention.
9. Laisse la bougie et l'encens se consumer en toute sécurité. Laisse également la rose dans le bol d'eau pendant quelques heures, ou même toute la nuit, pour que l'énergie continue d'être activée.
10. À la fin du rituel, remercie l'univers, les forces supérieures ou tout ce en quoi tu crois, pour avoir entendu et soutenu ton intention.

N'oublie pas que l'intention et la conviction sont les clés de tout rituel. Crois en toi-même et en la puissance de ton rituel avec la rose.

Ce rituel d'une journée avec une rose te permettra de te connecter à la beauté de la nature, d'exprimer ta gratitude et d'ouvrir ton cœur aux aspects spirituels de la vie. N'hésite pas à personnaliser le rituel en fonction de tes propres croyances et préférences.

16

Le soleil

Le soleil, en tant que symbole puissant, est associé à l'énergie électrique de notre système planétaire, et il a été vénéré comme une représentation de Dieu dans certaines cultures.

Lorsque tu te connectes au soleil, tu invites la vie, l'élément feu, la lumière et le pouvoir créateur à entrer en toi. Dans son aspect sombre, le soleil peut brûler, nous confrontant ainsi à la réalité et nous permettant d'accéder à la connaissance et à la justice divine.

Sa forme ronde te permet de te connecter à l'unité universelle et à l'harmonie présentes en toute chose. La présence du soleil dans le ciel t'invite à te connecter à ta verticalité et au monde céleste.

Les rayons du soleil sont là pour te guider, illuminant ton chemin spirituel et te rappelant de faire alliance avec ton être supérieur que tu peux atteindre en activant ton feu intérieur, ta Kundalini.

Prends le temps de t'ouvrir à la chaleur bienveillante du soleil, ressentant son énergie pénétrer chaque cellule de ton être. Permets à sa lumière de dissiper les ombres et de réveiller en toi une conscience éclairée.

Honore le soleil comme un symbole sacré, exprimant ta gratitude pour sa présence bienfaisante dans ta vie. Sois attentif aux messages et aux enseignements qu'il peut te transmettre à travers ses rayons dorés.

Dans cette connexion solaire, tu retrouveras une profonde communion avec le divin, embrassant ta nature céleste et nourrissant ton essence spirituelle.

RITUEL

1. Au lever du soleil, trouve un endroit en plein air où tu peux te tenir face à lui.
2. Respire profondément et ressens l'énergie et la chaleur du soleil se

répandre sur ton visage et dans tout ton être.

3. Lève les bras vers le ciel, les paumes ouvertes, pour accueillir et absorber l'énergie solaire.
4. Visualise la lumière du soleil pénétrer chaque cellule de ton corps, te revitalisant et te remplissant d'une énergie lumineuse.
5. Exprime ta gratitude envers le soleil pour sa présence bienveillante et son pouvoir nourrissant qui soutient la vie sur Terre.
6. Prends un moment pour méditer et te connecter à l'énergie du soleil, en ressentant son influence sur ton état d'esprit, ton équilibre et ta vitalité.
7. Termine en réaffirmant ton intention d'accueillir et d'intégrer les bienfaits du soleil dans ta vie quotidienne, en prenant soin de toi et en rayonnant cette énergie lumineuse vers les autres.

17

Le feu

Le feu représente ta puissance intérieure et est associé à l'énergie électrique, représentant ainsi ta polarité masculine.

Un feu équilibré te procure courage, créativité, persévérance, activité, enthousiasme, ainsi qu'une expansion de ton corps, de sa forme et de sa force.

Cependant, si ton feu est déséquilibré, il peut engendrer en toi des émotions telles que la colère, l'avidité de pouvoir ou de mouvement, la jalousie, l'irritabilité, les querelles, la démesure, la destruction et une passion excessive.

Lorsque tu travailles avec l'élément feu, il est possible d'invoquer l'esprit de la salamandre, mais il est important de le faire toujours en extérieur et jamais à l'intérieur de chez toi, car la salamandre aime jouer avec le feu !

Une autre pratique pour travailler avec l'élément feu est la méditation. Tu peux t'imaginer au milieu d'un feu, en te connectant à sa couleur représentative, qui est le rouge. Cela te permettra de ressentir et d'absorber l'énergie du feu, en équilibrant ton propre feu intérieur.

Il est essentiel de respecter et de comprendre la puissance du feu, en l'utilisant de manière consciente et en accord avec ton équilibre intérieur.

RITUEL

1. Rassemble des photos ou des images représentant ce que tu souhaites laisser derrière toi, ce que tu veux libérer de ton être.
2. Choisis un endroit approprié et sécurisé pour préparer un beau feu, que ce soit une marmite, un chaudron ou un barbecue, en respectant les règles de sécurité.
3. Avant d'allumer le feu, prends quelques instants pour te centrer et

invoquer l'esprit du feu, en demandant son aide pour t'accompagner dans la libération de tes mémoires.

4. Une fois le feu allumé et stable, prends chaque image ou photo une par une et jette-la dans les flammes en ressentant une profonde libération. À chaque fois, exprime à voix haute : « Je suis libre de » en citant ce dont tu te libères.
5. Observe attentivement les images se consumer dans les flammes, en visualisant que tes mémoires sont transmutées et libérées par le pouvoir purificateur du feu.
6. Lorsque tu as jeté toutes les images, éteins le feu en utilisant de l'eau ou du sable, et remercie l'esprit du feu pour son assistance dans ce processus de libération.
7. Prends quelques minutes pour te recentrer et ressentir les effets de ce rituel.

18

L'eau

L'eau est une force magnétique féminine présente sur notre Terre, véhiculant l'énergie de la mère divine en connexion avec Gaïa. Les rivières, les torrents, les cascades, les lacs, les mers et les océans, ainsi que les larmes et le sang qui coulent, sont tous des manifestations de cette polarité féminine. Ils nous rappellent l'importance de suivre le mouvement de la vie, afin d'éviter que l'eau ne devienne stagnante et croupissante au fil du temps.

Lorsque l'eau est en équilibre en toi, tu découvriras des qualités telles que le respect, la charité, la modestie, le dévouement, l'ardeur, l'affection, la cordialité, la compréhension, la méditation, la compassion, la tranquillité, la profondeur, l'éthique, l'intuition et l'amour.

Cependant, lorsque l'eau est en déséquilibre en toi, tu peux développer des odeurs corporelles fortes, de la mélancolie, de l'indifférence, de la dépression, de la timidité, de la discrétion, de la paresse, de l'irrespect et une sensation de froid.

RITUEL

1. Dirige-toi vers un point d'eau qui t'inspire profondément en ce moment.
2. Invoque l'esprit des nymphes et/ou des sirènes, en les appelant avec respect et intention.
3. Enfile un vêtement ou un accessoire d'une teinte bleu intense pour te connecter physiquement à cet élément.
4. Exprime à voix haute : « Que mon corps soit purifié de tout ce qui entrave mon chemin, afin que je puisse me relier en toute fluidité et intuition à mon magnétisme féminin. »

5. Avance lentement dans l'eau avec conscience, en ressentant chaque goutte d'eau qui vient toucher et nettoyer ton corps.
6. Si possible, allonge-toi dans l'eau et incline doucement ta tête en arrière, submergeant ton visage pour te connecter aux esprits des nymphes et des sirènes, tout en ouvrant ton troisième œil.
7. Exprime ta gratitude envers les esprits des eaux et de la nature pour leur présence et leur purification.
8. Sors de l'eau, ressentant cette sensation de pureté et de légèreté imprégner tout ton être.

19

La terre

La Terre, notre foyer, notre centre intérieur, notre mère d'accueil, notre refuge humain, est bien plus qu'un simple lieu. Elle est un laboratoire à ciel ouvert pour ceux qui sont prêts à le voir, une expérience en grandeur nature de l'amour dans la dualité.

La Terre est vivante et elle poursuit son propre chemin d'évolution. Se connecter à elle, c'est se relier à nos racines, à notre base, à notre bassin. Elle nous permet de nous connecter à notre terre intérieure, à ce qui touche notre humanité, à notre reliance avec les autres, car elle nous montre la voie à travers son écosystème, dont nous faisons partie.

Lorsque ta terre intérieure est équilibrée, tu développes la considération, l'altruisme, la persévérance, la ténacité, la fermeté, la sobriété, la prudence et la sûreté.

Cependant, lorsque ta terre intérieure est en déséquilibre, tu peux développer la négligence, succomber à tes instincts primitifs et à tes pulsions sexuelles, et tu peux devenir déloyale, défiante, taciturne, amorphe et égoïste.

RITUEL

1. Trouve de la glaise, de préférence grise pour travailler tes ombres, verte pour te connecter à ta terre intérieure, ou rouge pour te connecter à ton feu intérieur.
2. Cherche un lieu en pleine nature où tu peux être seule et en harmonie.
3. Retire tes chaussures et marche pieds nus, en ressentant la terre sous tes pieds et en prenant conscience de tes racines qui te relient à elle.
4. Prends un moment pour réfléchir au sens que tu souhaites donner à ta vie en ce moment.
5. Assieds-toi confortablement et commence à malaxer la glaise les yeux

fermés, en te connectant profondément à la terre, jusqu'à ce que tu sentes l'énergie qui émane de tes entrailles et qui est en lien avec le choix de la couleur de la glaise.

6. Invoque les gnomes ou les lutins, en leur offrant cette glaise imprégnée de tes énergies, et dépose-la en un endroit caché, en signe de gratitude et de connexion avec les esprits de la nature.
7. Exprime ta reconnaissance envers les esprits et la terre, pour leur présence bienveillante et leur soutien lors de ce rituel.

20

L'air

L'air est le souffle qui permet l'alchimie de l'électro (feu) et du magnétisme (eau) pour manifester la réalité tridimensionnelle (terre). Il est le pont entre le ciel et la terre, d'où son nom de souffle divin dans les religions, souvent représenté par la colombe.

L'air se manifeste principalement à travers notre corps astral. Lorsque ce corps est déséquilibré, il recherche constamment des sensations fortes telles que les transes, les sports extrêmes, les manèges à sensations, comme pour s'évader vers les étoiles. En revanche, un corps astral équilibré cherche à insuffler du sacré dans le quotidien et à devenir lui-même sacré.

Lorsque l'air est équilibré en toi, tu développes les qualités suivantes: application, habileté, clarté, joie, expérience de la félicité, optimisme, vivacité, indépendance, vigilance, confiance, bonne mémoire, discernement, sagesse et pureté.

Cependant, lorsque l'air est en déséquilibre en toi, tu peux présenter certains signes tels que la suralimentation, une suractivité excessive, le dédain, l'indiscrétion, l'impatience, la ruse, la bavardise, la coquetterie, l'honnêteté douteuse, la versatilité et le jugement.

RITUEL

1. Pour ce rituel, invite les sylphes, les êtres de la nature reliés à l'esprit du vent, à se joindre à toi.
2. Choisis de t'habiller en blanc, symbolisant ainsi l'élément de l'air qui se manifeste à travers toi.
3. Sélectionne un jour où le vent est puissant pour réaliser ce rituel, afin d'amplifier l'énergie de l'élément.
4. Demande à l'esprit d'une plante, comme un pissenlit ou une fleur avec des pétales, de se présenter à toi pour ce rituel.

5. À voix haute, exprime avec clarté, concision et précision ton intention de changement dans ta vie.
6. Face au vent, ouvre grand les bras et siffle trois fois, comme si ton sifflement était la langue du vent, traduisant ainsi ton intention.
7. Prends le pissenlit ou les pétales de fleurs et souffle dessus, ou lance-les un par un dans le vent, permettant ainsi à ton intention d'être dispersée et semée par le vent. Exprime ensuite ta gratitude envers le vent et l'esprit de la plante.

21

La lune

La lune, symbole du féminin, incarne la plongée au cœur de nos ombres, le rythme des saisons et plus particulièrement le cycle menstruel de la femme, également appelé cycle lunaire.

Sur Terre, la Lune exerce son influence sur les marées, les pluies, les cours d'eau et les saisons, tout comme sur nos humeurs, la pousse de nos cheveux et les récoltes, conformément au calendrier lunaire. Ainsi, elle nous connecte au mouvement interne qui régit la vie.

Depuis des temps immémoriaux, la lune est associée au féminin et est vénérée en tant que déesse dans de nombreuses cultures. Dans la wicca, la sorcellerie et d'autres traditions, le symbole de la Triple Lune représente le féminin sacré de la grande déesse universelle, la mère de toutes, et symbolise les trois aspects de la Déesse : la Vierge, la Mère et la Sage.

RITUEL

1. Choisis un endroit calme à l'extérieur où tu pourras observer la lune dans le ciel sans être dérangé.
2. Commence par te centrer et te détendre. Respire profondément, laisse aller les tensions et ouvre ton esprit à la magie de la lune.
3. Lorsque la lune est visible, fixe ton regard sur elle et visualise sa lumière qui enveloppe tout ton être. Ressens sa présence apaisante et son énergie bienfaisante.
4. Prends un moment pour réfléchir à tes intentions. Quels sont les aspects de ta vie que tu aimerais améliorer, les désirs que tu souhaites manifester ou les blocages que tu aimerais dissoudre ? Formule tes intentions clairement et avec conviction dans ton esprit.
5. Écris tes intentions sur un morceau de papier. Utilise des mots positifs et précis, en exprimant clairement ce que tu souhaites attirer ou relâcher.

6. Place le papier devant toi et expose-le à la lumière de la lune pendant quelques instants. Imagine que la lune infuse tes intentions de sa puissante énergie, les amplifiant et les chargeant de sa magie.
7. Une fois que tu te sens prêt, remercie la lune pour sa guidance et sa bienveillance. Garde le papier avec tes intentions près de toi pendant la nuit pour qu'il continue d'être influencé par les énergies lunaires. Au lever du soleil, tu peux enterrer le papier dans la terre comme un symbole de plantation de tes intentions dans le monde physique.

22

Le serpent

Le serpent symbolise la quête de connaissance et de vérité de l'homme, ainsi que sa volonté d'accéder à sa propre puissance. Il est l'incarnation de la Kundalini, représentant l'énergie vitale qui circule en nous, nous permettant d'agir sur notre vie.

Cependant, le serpent peut prendre deux orientations une fois que nous avons expérimenté notre puissance. Que ferons-nous de cette puissance nouvellement acquise ? Allons-nous l'utiliser égoïstement pour prendre le contrôle sur autrui, ou bien utiliser cette énergie créatrice pour construire et répandre la lumière divine ?

L'être humain est confronté à l'épreuve de son ego et de sa blessure narcissique, et la vie lui offre constamment des opportunités pour tester les limites et les frontières de l'utilisation de son pouvoir dans ce monde.

RITUEL

1. Accorde-toi un temps précieux pour toi-même, dans un espace calme et propice à la méditation.
2. Sélectionne une musique qui t'inspire et te transporte, te permettant d'entrer dans un état modifié de conscience ou une transe profonde.
3. Débute en faisant onduler doucement ton bassin avec des mouvements en forme de huit, de gauche à droite puis de droite à gauche, pendant quelques minutes. Laisse ton corps se relâcher et se connecter à ces mouvements fluides.
4. Place une main près de ton sacrum, au niveau des trous sacrés, et continue d'onduler ton bassin tout en portant ton attention sur cette zone.
5. Avec le temps, tu commenceras à ressentir comme une vague d'énergie, une chaleur qui émane de ton sacrum (certains peuvent la ressentir également devant ou derrière le nombril).

Fais l'effort de rester concentrée sur cette zone, et lorsque tu sens cette énergie grandir, laisse-la remonter le long de ta colonne vertébrale.

6. Cette énergie peut te conduire vers des moments d'extase ou de jouissance profonde. Accueille ces expériences sans jugement ni attente.
7. Une fois que tu as accueilli suffisamment cette énergie, qui est ta propre puissance intérieure, décide consciemment de quelle manière tu souhaites l'utiliser. Pose un pas concret dans cette direction, en alignement avec tes valeurs et aspirations.
8. Sois ouverte à ce que le serpent, symbole de transformation et de sagesse, te révèle la suite de ton chemin.

CARTES ALLIÉS

23

Les dragons

Les dragons peuplent en grand nombre cette terre, chacun avec sa propre mission d'apporter la lumière divine.

Ils se manifestent à travers les éléments du feu, de l'eau, de l'air et de l'éther, devenant ainsi des compagnons de voyage dans l'astral ou agissant en mission pour toi.

Selon leur élément, ils ont le pouvoir de purifier les lieux ou les personnes, offrant également des soins bienfaisants.

Ils se révèlent être des alliés extraordinaires pour explorer plus profondément les voyages astraux, permettant d'élever ton taux vibratoire.

Les dragons sont des êtres majestueux, dotés d'une sagesse ancestrale, prêts à partager leurs dons et leurs pouvoirs avec ceux qui les appellent.

Lorsque tu ouvres ton cœur et ton esprit à leur présence, ils peuvent t'accompagner dans ton chemin spirituel et t'aider à avancer vers une plus grande connexion avec la lumière universelle.

MESSAGE

« Je suis là pour toi lorsque ton cœur est pur et ta volonté de fer pour avancer sur le chemin divin. Invoque-moi avec foi, confiance, détermination et tout ton cœur. Fais appel à moi trois fois à la tombée de la nuit, afin que je puisse t'apporter mon aide. Ensuite, demande le dragon prêt à te servir. Répète ce rituel chaque soir, jusqu'à ce que je me présente. »

24

Les anges

Ils forment une famille avec une hiérarchie basée sur leurs missions. Les archanges occupent la position la plus puissante parmi eux, régissant les énergies de la Terre et sa protection, ainsi que le lien entre l'homme et la planète.

Chaque archange possède un pouvoir unique. Pour les invoquer, il est nécessaire de le faire exclusivement lorsque cela concerne une situation liée à l'humanité et à la protection de la Terre. Les archanges ne tiennent pas compte des jeux égotiques et de pouvoir. Il convient de se présenter à eux avec un cœur pur et une intention de service envers l'humanité.

L'archange Gabriel est invoqué pour les situations nécessitant compassion et altruisme. L'archange Mickaël est invoqué pour la justice divine, comme les guerres, la famine, les inégalités... L'archange Raphaël est invoqué pour les situations de guérison, pour éveiller l'humanité et mettre fin au cycle du karma. L'archange Uriel est invoqué pour aider la Terre à entrer en contact avec les astres, les autres planètes, les énergies de l'intraterre, et faciliter la collaboration avec les élémentaux de la nature ainsi que les esprits tels que les fées.

Les anges gardiens sont ceux qui assurent la protection sur Terre. Ce sont eux qu'il convient d'invoquer. Ils évoluent avec la conscience de chacune. Ainsi, il existe un ange gardien pour chaque corps : physique, éthérique, mental et astral. On peut invoquer chacun d'eux selon les besoins, mais jamais tous en même temps.

MESSAGE

« Nous sommes présents pour t'apporter notre aide en tant que frères, un soutien inconditionnel dans ton cheminement humain. Sache que nous répondrons à ton appel lorsque tu nous invoqueras avec foi, prêts à être à tes côtés. Cependant, nous te demandons de préciser ton identité et de nous exprimer clairement tes attentes. C'est ton intention qui guide notre action envers toi ! »

25

Un être de l'intraterre

L'intraterre représente cet espace où une grande partie de l'humanité actuelle a vu le jour.

Il serait à la fois curieux et obsolète de croire que l'ADN humain est resté inchangé depuis les temps anciens, tout comme il était autrefois absurde de penser que la Terre était plate.

L'évolution de l'humanité est étroitement liée à celle de la Terre elle-même, ainsi qu'à l'intervention d'espèces plus avancées capables de réaliser des modifications génétiques grâce à des sciences qui nous échappent encore aujourd'hui. Ces avancées scientifiques dépassent le cadre de la science quantique actuelle.

Le monde de l'intraterre abrite différentes espèces et civilisations qui ont atteint leur niveau d'ascension, telles que les Atlantes, les Sumériens, les Lémuriens, les Pharaons, les Esséniens, pour n'en nommer que quelques-unes.

Chaque espèce collabore avec les autres en apportant ses attributs particuliers qui servent le bien-être mutuel et la progression de chacun.

MESSAGE

« Nous sommes nombreux à être venus expérimenter cette humanité, tout comme toi, à une époque où nous avions à apprendre de la Terre. Tu peux penser que les temps actuels sont plus sombres, mais sache que chaque époque a apporté sa propre compréhension, permettant à chaque espèce de progresser vers l'ascension. Maintenant, il est temps pour toi de jouer ton rôle avec conscience.

Pour ascensionner, tu dois avant tout être pleinement présent dans ton humanité, avoir foi et conscience. Écoute en toi la part divine qui peut te guider vers la lumière et te permettre de rayonner les attributs cachés dans ton ADN. C'est ainsi que tu peux semer une nouvelle graine pour cette humanité. Si tu as tiré cette carte, c'est parce que tu es un travailleur de lumière venu enrichir la Terre de ta présence. »

26

Un être stellaire

De nombreux êtres vivent dans notre galaxie et au-delà. Contrairement au peuple de l'intraterre qui a acquis ses connaissances de la Terre, les peuples stellaires viennent sur Terre pour apprendre et ramener ces enseignements sur leur planète.

Ces temps d'apprentissage sont essentiels, car la particularité de la Terre est de permettre à l'humanité de vivre l'amour au sein de la dualité et de la séparation, à travers le voile de l'oubli.

Ainsi, de nombreux humains sont en réalité des êtres stellaires qui ont pris forme humaine. Leur première étape consiste à se rappeler qui ils sont, d'où ils viennent et quelle est leur double mission sur Terre.

En tant qu'êtres stellaires, ils sont également présents pour activer une vibration spécifique de leur planète afin d'aider la Terre et l'humanité dans leur ascension. Cette activation ne peut se produire que lorsque l'être stellaire retrouve le chemin de son âme, se reconnecte à l'esprit et à sa mission.

Souvent, les êtres stellaires se sentent déplacés dans ce monde. Ils désirent retourner à leur source d'origine, ressentent une nostalgie d'un ailleurs et se sentent seuls et incompris.

MESSAGE

« Tu n'es jamais seule, mais rappelle-toi toujours tes origines premières. Nous sommes tes frères et sœurs stellaires, présents pour te soutenir dans cette mission si importante sur cette magnifique planète Terre. Tu as fait preuve de courage, d'audace et d'un désir ardent en choisissant de t'incarner ici.

Lorsque tu te sens perdue ou nostalgique de l'ailleurs, prends un moment pour fermer les yeux et concentre-toi à l'intérieur de ton corps. Il renferme un attribut, une forme énergétique qui représente la vibration spéciale de ta planète d'origine. En te connectant à cet attribut, tu peux encoder pour la Terre ta propre essence et retrouver un sentiment de plénitude. »

27

Mère divine - Isis - Marie

Cet archétype, connu depuis des temps immémoriaux, revêt de multiples visages et porte plusieurs noms. Il incarne la mère universelle, l'énergie magnétique de notre soleil, qui nous relie à la force terrestre de Pachamama, permettant ainsi notre évolution dans l'univers.

Cet archétype s'est même incarné dans la chair, prenant les traits d'Isis ou encore de Marie, la mère de Jésus, afin de ramener l'énergie maternelle. Cette énergie, empreinte d'écoute, de soutien et d'un amour inconditionnel, ne juge ni tes fautes ni tes erreurs. Elle pardonne et écoute avec bienveillance et patience.

Cette épouse (Isis) et cette mère (Marie) sont prêtes à tout par amour, se consacrant avec dévouement et résilience. Elles se livrent à leur puissance, qui peut se trouver dans la détermination de la volonté ou dans la vulnérabilité, afin de se soumettre au plan divin.

Ainsi, la mère divine nous rappelle que tout chemin est valide tant qu'il est guidé par le cœur et donc par l'âme.

Chacun a un chemin de vie et d'exploration unique pour ouvrir ses bras à l'amour.

MESSAGE

« Je suis à tes côtés depuis ta création. Ton âme me connaît bien, car elle se love dans mes bras universels, dans cet écrin de paix où le chemin est déjà accompli.

Lorsque tu descends sur Terre, je t'accompagne à chaque instant de ta création humaine. Toutefois, ton chemin consiste à guérir ta relation avec la mère terrestre, qui est incomplète et duelle, afin de t'ouvrir aux bras de la mère universelle qui comble tous ses enfants. Je ne te comblerai jamais avec l'avidité et les désirs humains, mais je te comblerai et te remplirai d'un amour si profond que tu comprendras que dans l'espace du cœur ouvert, où tu deviens à la fois cet enfant et cet être humain puissant, tu n'as besoin de rien d'autre que de suivre ton chemin. »

28

Le Soi supérieur

Imagine un vaste champ, infini, où tout peut être perçu par les sens et tout peut être connu par l'esprit.

Bienvenue dans le domaine de la conscience supérieure, où ton être divin réside. C'est ici que réside ton vrai moi, où la communication avec la source première (l'univers, Dieu) peut avoir lieu.

C'est le niveau de conscience le plus élevé qui puisse être atteint sur Terre. L'objectif n'est pas d'augmenter cette conscience supérieure, car elle est déjà présente, mais de réussir à communiquer avec elle en se libérant des conditionnements et des filtres. Dans cet espace, tu te sens connectée à ton avenir et à d'innombrables possibilités.

L'accès à ta conscience supérieure te permettra d'établir une connexion entre ton esprit et le champ quantique, cette magnifique trame existant dans l'univers qui offre des réponses sur le sens de ta vie. Tu pourras également créer un personnage correspondant à tes désirs : jouir d'une bonne santé, profiter pleinement de la vie, t'amuser, évoluer au sein d'une famille aimante…

Es-tu prête pour cet entraînement ?

MESSAGE

« Je suis en toi depuis toujours. Tu n'as pas besoin de t'améliorer car tu es déjà parfait. On t'a souvent parlé de moi en te situant à l'extérieur, afin que tu ne te connectes pas à cette immense puissance qui constitue l'essence même de ton être. On t'a empêché d'atteindre les clés du succès et de cesser de chercher à l'extérieur ce qui se trouve déjà en toi. Pour y accéder, il est nécessaire de faire une pause dans tes pensées incessantes. En effet, pour avancer sereinement, il te suffit de te laisser guider par cette force intérieure qui te permet de prendre de bonnes décisions pour toi. Tes pensées créent tes sentiments, qui engendrent des actions et, par conséquent, des résultats. Es-tu prêt à changer tes pensées ? Chaque fois que tu te sens envahi par une pensée, cherche sa source, son origine conditionnée, et décide de ne pas y croire en ayant confiance en toi-même. »

29

Pachamama – Gaïa – la Terre

La Terre porte son propre karma au sein de notre système solaire, notre logos solaire. De la même manière, notre karma vient nous délester afin de nous rappeler les endroits où nous ne discernons pas encore la lumière. Nos épreuves servent à nous purifier et à nous dépouiller de l'espace et du temps pour nous élever vers la lumière divine.

Gaïa, notre Terre, procède également à son nettoyage à travers des catastrophes naturelles. Il est donc inutile de craindre cela, car nous approchons de la fin de la civilisation humaine telle que nous la connaissons. Ce cycle, lié aux temples d'Égypte puis aux religions, est révolu.

L'ascension représente ce nouveau paradigme où ceux qui sont prêts sur le plan vibratoire accéderont à la nouvelle Terre, tandis que les autres poursuivront leur chemin de conscience avec sérénité. Ne sois pas attristée, car il suffit d'élargir ta vision au-delà des limites du temps et de l'espace pour comprendre que tout cela fait partie d'un vaste plan qui permet à chacune d'écouter en fonction de ses capacités.

C'est pourquoi le jugement n'a plus sa place, car aujourd'hui chacune a la capacité de choisir son propre chemin. »

MESSAGE

« Je suis ta planète d'accueil et, telle une mère, je mets à ta disposition de nombreux outils pour te relier à moi et vivre pleinement cette expérience humaine. Tu fais certainement partie de celles et ceux avec qui je suis le plus en lien, lorsque tu touches le sol, marches pieds nus dans la forêt, observes une plante pousser ou consommes les produits de mon jardin, qui est la Terre.

Tu fais partie de celles et ceux qui apprennent à honorer qui je suis, en tant qu'être vivant à part entière, doté d'une forme d'intelligence. Lorsque tu te connectes à moi, souviens-toi que je suis là, telle une mère, prête à t'écouter et à soulager tes soucis. En même temps, mes racines peuvent t'offrir une force incroyable pour t'épanouir et te déployer. »

30

Un aïeul

Nos aïeux meurent. Certains errent dans l'entre-deux mondes parce que leurs proches les retiennent ou parce qu'ils ignorent leur propre décès (morts brutales). Parfois, leurs âmes partent pour un autre voyage d'apprentissage sur d'autres plans afin de progresser. Ainsi, leur lien avec notre âme se dissipe. Cependant, l'énergie de ce qu'ils ont été pour nous demeure.

Enfin, certains choisissent de devenir des guides pendant un certain temps.

C'est pourquoi il est essentiel d'effectuer notre deuil, permettant ainsi à l'âme de choisir librement la suite de son chemin et de continuer à vivre.

Lorsqu'une personne proche décède, le deuil est généralement d'une durée moyenne de quarante jours, permettant de lui dire au revoir et de couper les liens avec elle. Couper les liens, c'est permettre à chacune de retrouver sa liberté. C'est aussi un acte de non-égoïsme en ne les retenant pas.

Cela permet à chaque âme de choisir son propre chemin.

L'amour rend libre et les souvenirs, ainsi que l'égrégore de votre relation, demeurent tant qu'ils sont nourris par vous. Cependant, l'âme peut alors partir.

Lorsque l'aïeul devient un guide, vous le saurez car c'est lui qui viendra vous parler, vous fera ressentir sa présence et vous enverra des signes. Mais ce n'est pas une décision que vous prenez vous-même.

MESSAGE

« Il est temps que tu me laisses partir, car d'autres voyages d'apprentissage m'attendent au-delà des voiles de ta dualité humaine. Il est temps que tu poses une main sur ton cœur pour me dire défi-

nitivement au revoir, car le temps n'existe pas et nos souvenirs seront là si tu as besoin de ce que nous avons créé ensemble dans notre relation. Il est temps de couper les liens afin que tu retrouves ta liberté. L'attachement n'est qu'un moyen de croire que tu ne peux pas vivre sans moi, mais tu es capable de bien plus que cela. Vivre sans moi, c'est accepter les règles de cette expérience où l'âme ne meurt pas. »

Message si l'aïeul est un guide : « Je suis là, car j'ai décidé de t'accompagner pendant un certain temps sur ce passage que tu traverses. Mon âme est connectée à ce passage, ce qui me permet d'être un allié, un guide qui, en prenant de la hauteur, peut t'aider à changer ta perspective et te tenir la main (énergétiquement parlant) pour te dire : tu en es capable. Si je suis à tes côtés, c'est que tu traverses une transition importante et qu'il est temps d'apporter le changement nécessaire au chemin de ton âme. »

31

Un guide de lumière

Nous avons tous des guides qui nous accompagnent dès notre naissance, car ils sont liés à notre mission d'âme. Cependant, nous n'en sommes pas toujours conscients. Selon ta mission, tu peux avoir plusieurs catégories de guides qui correspondent à différentes dimensions ou à différents égrégores (par exemple, je travaille avec un guide spécifiquement pour les constellations universelles).

Si tu es thérapeute, tu as forcément un guide associé à chaque outil énergétique, à moins que tu ne crées à un moment donné un nouvel égrégore regroupant l'ensemble de ces outils. Les guides évoluent avec toi, il est donc inutile de les nommer ou de leur donner un prénom. Parfois, ils peuvent te donner un nom pour que tu te sentes plus proche d'eux.

Je remarque que beaucoup de personnes communiquent avec leurs guides sans savoir quelle est la mission spécifique de chaque guide. En réalité, il est essentiel de savoir à quoi sert chaque guide afin de rester maître à bord de ton navire et de ne pas te laisser manipuler par des énergies invisibles. Les guides ont donc, tout comme nous, une mission précise, et certains partagent leur présence entre plusieurs êtres humains, tandis que d'autres sont dédiés à ton propre chemin.

MESSAGE

« Nous sommes là pour te guider sur ton chemin d'âme, pour élever ton esprit afin que tu puisses recevoir les informations nécessaires à ton cheminement spirituel et pour te connecter à tes énergies galactiques, si tu en as. Notre mission est de t'accompagner, mais nous avons besoin de ton accord pour le faire.

Nous avons besoin que tu croies en nous, que tu nous demandes de t'aider sur ce chemin. Car tu as un droit divin, le libre arbitre. Tu es donc le créateur de ton propre parcours sur Terre. En aucun cas, nous ne pouvons te soustraire aux étapes nécessaires à ton évolution. Cependant, nous pouvons t'indiquer la voie vers les solutions, à la fois à l'intérieur et à l'extérieur de toi.

Nous sommes comme les gardiens de ton apprentissage, choisis par ton âme. Plus tu dissipes le voile des illusions et deviens conscient, plus nous sommes nombreux à t'accompagner, car tu nous permets également d'apprendre sur notre propre plan.

N'oublie pas que tu as le pouvoir de choisir et d'inviter notre guidance dans ta vie. Nous sommes là pour t'assister, mais c'est toi qui mènes le chemin. »

32

Les fées

Malicieuses, joueuses, capricieuses, insaisissables... Les fées sont dotées d'un caractère bien trempé, et si elles peuvent t'emporter dans des rêveries enchantées, te faisant oublier temps et espace, elles en seront d'autant plus ravies.

Il ne faut donc pas prendre à la légère les fées, à moins de vouloir disparaître !

Les fées choisissent leur demeure dans les endroits de forêts denses, où la mousse et la tranquillité se rencontrent.

Si tu décides de fréquenter les fées, fais attention, car elles méritent ta confiance et tout pacte ou accord conclu avec elles est définitif. Il est donc crucial de respecter tes engagements envers elles. Sache que si tu sollicites l'aide des fées, elles te demanderont un service en échange.

Les fées adorent les festivités, c'est pourquoi elles seront plus présentes lors des solstices et des équinoxes, particulièrement si tu organises des rituels ou des célébrations en l'honneur de la nature.

Les fées établissent facilement le contact avec les êtres au cœur pur et ceux qui possèdent une grande sensibilité émotionnelle. Si tu souhaites communiquer avec elles, il est important de passer du temps au même endroit afin qu'elles puissent observer ton comportement. Tu peux également leur offrir des présents alimentaires, afin qu'elles utilisent leur essence, ou des créations qui les honorent.

MESSAGE

« Nous ne cherchons jamais à te nuire, à moins que tu ne nous trompes ou que ton cœur soit sournois. Alors, nous te jouerons des tours aussi astucieux que tes intentions détournées de pouvoir.

Nous avons la capacité de lire à travers ton cœur pour déceler tes intentions envers la nature et les êtres humains. Ainsi, seuls les cœurs purs peuvent nous voir, à moins que nous souhaitions te faire peur. Dans ce cas, nous ne serons jamais dans notre état naturel, mais dissimulées pour te donner une leçon.

Cependant, si tu es un être lumineux qui désire aider la nature et le peuple des fées, tu auras toute notre gratitude et nous pourrons ensemble créer davantage de magie, de beauté, de grâce, de joie et de jeu dans ta vie.

Nous sommes comme des amies de la nature qui te reconnectent à ton enfant intérieur. »

33

Les elfes

Les elfes ont souvent été tes guides et gardiens, veillant sur les forêts enchantées et les contrées sauvages. Leur lien étroit avec la nature leur permet de percevoir les moindres changements dans l'équilibre de l'écosystème et de maintenir l'harmonie entre les différents éléments.

Les elfes sont également des maîtres de la magie. Leurs connaissances ancestrales en matière de sortilèges, de potions et de pratiques ésotériques en font des conseillers précieux pour toi lorsque tu cherches des connaissances et des solutions. Ils sont les gardiens des arcanes et des secrets cachés, capables de te guider dans ta quête de vérité.

Cependant, il est important de souligner que les elfes sont des êtres libres et indépendants. Ils ne sont pas soumis à la volonté des humains et agissent selon leur propre code moral. Ils peuvent choisir de s'engager à tes côtés et de te soutenir, mais cela dépend de leur propre volonté et de leurs liens avec le monde des hommes.

MESSAGE

« Nous t'exhortons à prendre soin de la terre qui t'abrite. La nature est ton plus précieux allié, et sa préservation est essentielle pour ton bien-être et celui des générations futures. Prends conscience de l'interconnexion de toute vie et de l'impact de tes actions sur l'équilibre fragile de l'écosystème.

Accorde du temps à la contemplation, à la méditation et à la connexion avec le divin qui réside en toi. Écoute la voix du silence, laisse-toi bercer par le chant des oiseaux et ressens la magie de chaque instant. Dans cette quiétude, tu trouveras des réponses et des révélations.

Sache que la magie existe en toi. Cultive ta créativité, laisse-la fleurir comme une plante rare.

Cher humain, rappelle-toi que tu fais partie de quelque chose de plus grand, d'un tissage complexe d'énergies et d'êtres. Nous, les elfes, sommes ici pour te soutenir dans ton voyage sur cette Terre. Ouvre ton cœur et tes sens à la beauté qui t'entoure, et nous serons là, dans l'invisible, pour te guider et t'inspirer. »

34

Marie-Madeleine

En ces temps de transformation et de renaissance, la place légitime du Féminin sacré est réclamée dans le tissu de l'humanité. Il est temps que l'équilibre entre les énergies masculine et féminine soit rétabli, que les blessures du passé soient guéries et que la puissance de la créativité, de l'intuition et de la guérison qui réside en vous soit célébrée.

Il t'est proposé par Marie-Madeleine de plonger au plus profond de ton être, d'explorer les tréfonds de ton âme, de libérer les voiles de la limitation et de la peur qui ont entravé ton expression authentique. Il t'est conseillé d'embrasser ta sensualité, ta beauté et ta puissance intérieure. Tu es une créatrice, une gardienne de la vie et une porteuse de lumière.

Laisse briller la flamme sacrée qui réside en toi. N'aie pas peur d'affirmer ta voix, de défendre tes valeurs et de partager ta vérité. Le Féminin sacré est une force puissante, une énergie transformatrice qui a le pouvoir de guérir les blessures du passé et de guider l'humanité vers un avenir empreint d'amour, d'harmonie et de respect mutuel.

Hommage est rendu à Marie-Madeleine, qui a été l'apôtre des apôtres, la compagne bien-aimée de Jésus, et qui a porté en elle la sagesse du Divin féminin. Son héritage est un trésor précieux qui a été longtemps négligé et oublié, mais qui émerge maintenant des ténèbres pour illuminer ton chemin.

MESSAGE

« Écoute, âme bien-aimée, les mots qui s'élèvent des profondeurs de ton être, porteurs de vérité et de sagesse. Moi, Marie-Madeleine, la Gardienne des Secrets sacrés, je suis ici pour te guider dans la redécouverte de ton essence divine féminine. Ainsi, tu pourras à ton tour devenir un symbole d'amour inconditionnel, de compassion et de sagesse ancestrale.

Écoute l'appel de ton cœur, danse avec la lune, embrasse la terre nourricière et connecte-toi à la sagesse millénaire qui coule dans tes veines. Tu es la gardienne de la Terre, la porteuse de l'amour sacré, et tu as le pouvoir de transformer le monde par ta simple présence.

Que chaque pas que tu fais soit empreint de grâce et d'amour. Que chaque parole que tu prononces soit une bénédiction pour tous ceux qui t'entourent. Que chaque acte que tu poses soit un reflet de ta divinité intérieure.

Tu es l'héritière d'un héritage sacré. Réclame-le, célèbre-le et partage-le avec le monde. Tu es l'incarnation vivante de l'Amour divin, et ta présence ici sur Terre est une bénédiction pour tous.

Écoute, âme bien-aimée, mon appel qui résonne en toi. »

CARTES EXPLORATIONS

35

La nourriture

Ton corps est ton temple sacré. Plus tu permets à ton corps de devenir un roc, plus il pourra accueillir des fréquences vibratoires élevées, ce qui te permettra d'expanser ta conscience.

La nourriture joue un rôle essentiel dans la purification des impuretés quotidiennes, le maintien d'un taux vibratoire élevé, et la nourriture de ce corps physique qui a besoin de densité. Charge ton alimentation de tes désirs lumineux et de tes aspirations.

Si tu as tiré cette carte, il est temps que tu purifies ton corps et que tu trouves une discipline qui t'est propre. Il existe de nombreuses manières de nettoyer ton corps et de te nourrir sainement. À toi de trouver le chemin en faisant appel à ton intuition.

Astuce : tu peux demander à l'esprit ce que tu dois manger pour être en bonne santé, maintenir un taux vibratoire élevé, te purifier, gagner en vitalité et obtenir plus de clarté d'esprit ou nettoyer des mémoires. L'esprit est là pour te guider dans tes choix alimentaires.

EXPLORATION

Voici plusieurs étapes possibles pour découvrir ce qui convient le mieux à ton corps :

- **Il est possible de jeûner pendant une journée en ne consommant que de l'eau et des tisanes, mais il est important de le faire sous la supervision et avec l'avis d'un professionnel de la santé.**

- **Tu peux envisager une cure d'une semaine basée uniquement sur des fruits et des légumes, crus ou sous forme de jus, en fonction de ta tolérance intestinale, mais il est essentiel** de consulter un professionnel de la santé pour obtenir des conseils personnalisés et adaptés à ta situation.

- Élimine l'alcool et le tabac. Si tu n'as pas de carences, tu peux aussi, pendant un mois, éliminer la viande, les produits laitiers, le sucre et le gluten pendant un mois.
- Bois uniquement de l'eau tiède ou chaude tout au long de la journée pour améliorer ton transit intestinal et ta digestion.
- Intègre de petites quantités de produits fermentés pour restaurer ta flore intestinale : choucroute, kombucha, betterave ou carottes fermentées, par exemple.
- Pendant une semaine, tu peux pratiquer le jeûne intermittent en mangeant le matin et le midi, puis en arrêtant de manger à partir de seize heures jusqu'au lendemain matin.

- Opte pour quatre à cinq petits repas plutôt que de gros repas pour faciliter la digestion et le métabolisme.
- Pose ta fourchette après chaque bouchée et prends le temps de bien mâcher.
- Limite les portions et abstiens-toi de consommer des desserts. Opte plutôt pour une entrée composée de crudités et un plat principal équilibré. Cette approche favorisera une alimentation saine et aura un impact positif sur ton bien-être global.

Expérimente ces différentes approches en étant pleinement consciente et à l'écoute de ton corps, afin de jouer avec l'alimentation de ton corps physique, mais aussi de ton âme et de ton esprit. Ont-ils besoin de se nourrir de la même manière ?

Rappelle-toi que chacune est unique, et ce qui fonctionne pour une personne peut ne pas convenir à une autre.

Sois ouverte aux ajustements et aux découvertes personnelles dans ton cheminement vers une alimentation qui te nourrit à tous les niveaux.

36

Le mouvement

Ton corps est un instrument vibrant en harmonie avec le flux de la vie, ses cycles et son énergie. Cette résonance donne naissance au temps, et il est essentiel que tu sois en accord avec ton corps physique. Si tu souhaites que des événements se produisent dans ta vie, le mouvement est crucial, car l'immobilité entraîne inévitablement la stagnation. Il est donc important de maintenir un mouvement sain dans ton existence.

Je ne parle pas ici des tâches routinières que nous accomplissons machinalement ni des athlètes qui se poussent à bout jusqu'à se blesser. Je t'invite à apporter chaque jour un mouvement conscient à ton corps, en harmonie avec l'énergie de vie. Ce mouvement est unique pour chacune de nous : certaines auront besoin d'une activité sportive intense, d'autres d'un entretien régulier, d'autres encore préféreront des exercices doux comme le qi gong ou la marche...

L'essentiel est que tu explores et trouves le type de mouvement qui te convient le mieux, celui qui te permet de te connecter à ta vitalité profonde. Sois à l'écoute de ton corps, de ses besoins et de ses limites, afin d'adopter une pratique qui te nourrit physiquement, émotionnellement et spirituellement.

EXPLORATION

Prends un moment pour te poser dans le silence, en accordant une attention particulière à ton corps. Commence par explorer différentes parties de ton corps en les touchant doucement, en les effleurant, en les massant ou en les caressant. Prends conscience des zones où tu te sens le plus en contact avec ton corps et observe celles auxquelles tu ne prêtes habituellement pas attention.

Ensuite, adresse-toi à ton corps et demande-lui ce dont il a besoin en ce moment précis. Est-ce de plus de repos ou de mouvement ? Si c'est du mouvement, quel type de mouvement lui serait bénéfique ?

Je t'invite à répéter cet exercice une fois par semaine, car les besoins de ton corps évoluent en fonction du moment présent. En étant à l'écoute de ton corps de manière régulière, tu pourras ajuster ton rythme de vie en conséquence.

Rappelle-toi que tu es le souffle de la vie qui te permet de danser avec tes différents corps. Suis ce souffle et écoute les vagues qui rythment le tempo de tes journées.

37

La respiration

La respiration, c'est quelque chose d'extraordinaire, tu ne trouves pas ? C'est un processus naturel, instinctif, que tu effectues sans y penser. Mais savais-tu que la respiration se déroule en cinq étapes essentielles ? Imagine, si tu le veux bien, ton système respiratoire comme un arbre majestueux, avec son tronc qui se divise en branches de plus en plus petites, jusqu'à atteindre les feuilles. Cet arbre bronchique symbolise les conduits qui se ramifient au fur et à mesure que tu pénètres dans tes poumons.

Respirer ne te demande pas d'effort conscient, mais si cette carte est apparue, c'est sans doute parce que ta respiration est perturbée. Pour oxygéner pleinement tout ton corps, il est important d'utiliser toute ta cage thoracique et non pas seulement ton ventre, comme on te le conseille souvent. Beaucoup d'entre nous ont tendance à bloquer leur respiration à cause du stress.

Il est temps d'apprendre à respirer correctement, afin d'augmenter l'oxygénation de ton sang, d'accroître ta vitalité, de réduire le stress et l'anxiété, d'améliorer ta posture, de gérer les émotions intenses comme la colère, la tristesse et la détresse, de renforcer ton système immunitaire, de favoriser une meilleure concentration et de bénéficier d'un sommeil réparateur.

Alors, prête à explorer le pouvoir de ta respiration ? À accueillir l'énergie vitale qui est en toi ? Je t'invite à prendre quelques instants chaque jour, à te connecter à ton souffle, à ressentir chaque inspiration et expiration. Permets à ta respiration de devenir ton alliée, ton guide vers une vie plus épanouissante et harmonieuse.

EXPLORATION

Commence par te positionner confortablement et prends une profonde inspiration. Concentre-toi sur ton ventre et imagine-le se rétracter doucement, comme si ton nombril était attiré vers ta colonne vertébrale. Continue à inspirer, en sentant ta cage thoracique s'ouvrir et tes côtes s'écarter. Enfin, ressens tes clavicules se soulever légèrement à mesure que tu remplis tes poumons.

Lorsque tu expires, laisse tes clavicules redescendre doucement, puis resserre ton diaphragme en sentant une légère contraction, et enfin, laisse ton ventre se gonfler légèrement en relâchant l'air.

Répète cet exercice de respiration pendant une minute, trois fois par jour, pendant vingt et un jours.

Permets-toi d'utiliser pleinement cette capacité de respiration, car grâce à elle, tu peux entrer en contact avec chaque partie de ton corps par une simple inspiration et expiration consciente. Lorsque tu ne portes pas attention à ta respiration et que tu laisses ton corps agir sans y prêter attention, tu oublies toutes les ramifications et le travail profond effectué par tes poumons. Tu as peut-être perdu la connexion avec une respiration harmonieuse, car la vie ne t'a pas toujours facilité les choses.

En prenant à nouveau trois minutes par jour pour t'engager pleinement dans cette respiration complète, tu pourras retrouver une sensation de plénitude et de légèreté. Permets à ton souffle de t'accompagner vers un équilibre retrouvé.

38

L'ego

Ton ego, c'est un peu comme une dentelle délicate qui se tisse entre toi et le monde extérieur, entre toi et la réalité, entre toi et ton esprit. Elle joue un rôle essentiel en filtrant les informations qui te parviennent. Selon ton discernement, ces informations peuvent être brutes, grossières, raffinées, ou simplement en accord avec ton propre cheminement. C'est à toi de t'entraîner pour affiner cette dentelle, la rendre plus subtile et mieux l'utiliser.

Tu peux même faire une comparaison avec tes intestins. Comme eux, ton ego joue un rôle de filtration. Tes intestins trient les micronutriments et macronutriments, séparant ce qui est bon pour nourrir ton corps de ce qui est éliminé sous forme de déchets. Mais attention, le stress et une alimentation inadéquate peuvent rendre tes intestins poreux, ce qui laisse passer des toxines à travers leur muqueuse. Il est alors nécessaire de réparer cette muqueuse, tout comme tu devras travailler sur ta dentelle, liée à ton ego.

Il est important de reconnaître que ton ego a une utilité. Sur cette Terre, il te permet de personnifier l'individu que tu incarnes, de te différencier des autres et de naviguer dans ce monde matériel. Mais rappelle-toi que ton être va bien au-delà de ton ego. Prends conscience de cette dentelle délicate, observe-la avec bienveillance et apprends à l'utiliser de manière équilibrée. Ainsi, tu pourras te connecter à ton être véritable, bien au-delà des apparences et des identifications de ton ego.

EXPLORATION

Concentre-toi sur un point spécifique. Pour le trouver, dirige ton attention vers ton troisième œil, situé entre tes sourcils. Visualise une petite bille bleue qui commence à rouler en arrière, suivant une ligne droite depuis ton troisième œil. Sens-la avancer jusqu'à ce qu'elle

rencontre une barrière énergétique dans ton cerveau.

Ensuite, inspire profondément et, à l'expiration, laisse la bille descendre le long d'une ligne verticale, au centre de ton cerveau. Ressens-la se poser délicatement dans une sorte d'écrin énergétique. C'est à partir de cet espace que tu peux maintenant appréhender le monde qui t'entoure avec discernement. Poursuis ta méditation à partir de cet espace afin de recevoir les informations nécessaires à ton âme.

Au fur et à mesure que ta dentelle se raffine, ton ego ne servira plus qu'à incarner le personnage humain au service de ton être divin, en harmonie avec ton esprit et ton âme.

39

La méditation

Méditer n'est pas une pensée, une action, une volonté... Mais toi, tu peux déjà ne plus la vivre en t'en souciant. L'état méditatif se délecte dans le fait de vivre ce qui EST à chaque moment, et c'est à toi d'avancer et d'accueillir tout au long de ta journée ce que la vie te propose aujourd'hui. La méditation ne connaît pas d'émotions, car seul « ce qui est » existe dans l'instant, et seul compte ce qui vient de se présenter.

La méditation ne s'acquiert pas par une méthode, un compromis, des respirations ou de la conscience... Elle est déjà en toi, sans que tu aies besoin d'y penser.

Observe un enfant qui ne vit que dans le présent, et tu comprendras. La méditation t'invite à ressentir, jouir, pleurer, t'émouvoir, parler ou ne rien faire... À être ou faire selon l'invitation du moment. Si tu ne te perds dans des pensées comme « est-ce que cela est bien ou mal ? », à analyser, à projeter… alors tu te sépares. Avance, vis et lâche-toi la grappe.

EXPLORATION

Trouve un moment dans ta journée où tu peux t'accorder un peu de tranquillité. Cela peut être le matin au réveil, pendant une pause déjeuner ou avant de te coucher. Choisis un endroit calme où tu te sens à l'aise.

Prends une posture confortable, que ce soit assis sur une chaise, en tailleur sur un coussin ou en étant debout en pleine nature. Prends quelques instants pour te détendre et sentir ton corps se relâcher.

Maintenant, prends conscience de ta respiration. Porte ton attention sur l'air qui entre dans ton diaphragme. Ressens cette connexion avec ton souffle intérieur. Permets à ton inspiration de devenir ton point focal, ton ancrage dans le moment présent.

Alors que tu te concentres sur ton inspiration, laisse le silence s'installer progressivement autour de toi.

Observe comment le silence se répand, te permettant d'entrer dans un état de réception. Dans ce silence, abandonne tout jugement, analyse, réception ou commentaire. Laisse simplement les pensées s'évanouir, sans t'y attacher.

Au fur et à mesure que tu te plonges dans le silence, quelque chose de magique se produit. Tu deviens réceptif à une voix subtile en toi. Cette voix ne cherche pas à te donner des instructions, elle est là pour te faire ressentir la paix intérieure, pour t'éveiller à la présence en toi.

Tu peux choisir d'intégrer ce temps de silence dans tes activités quotidiennes. Que ce soit en jardinant, en cuisinant, en restant assis en tailleur, en marchant dans la nature ou en créant, trouve ces instants où tu peux lâcher prise sur les pensées incessantes et accueillir le silence en toi.

Laisse le silence te guider, te nourrir et t'inspirer. Permets-toi d'être pleinement présent, en harmonie avec l'instant présent. Si des pensées surgissent, observe-les simplement et reviens à ton inspire, à la sensation de calme et de paix intérieure.

Poursuis cet exercice pendant la durée qui te convient, que ce soit quelques minutes ou plus longtemps.

En pratiquant régulièrement, tu découvriras les bienfaits profonds du silence, de la présence et de l'écoute intérieure.

Lorsque tu auras terminé cet exercice, ressens la gratitude pour ce temps que tu as consacré à te connecter avec toi-même. Ouvre doucement tes yeux et emporte avec toi cette sérénité dans le reste de ta journée.

Rappelle-toi que le chemin du silence est disponible pour toi à tout moment. Il t'invite à trouver ces précieux instants où tu peux lâcher prise sur le mental et te laisser envelopper par la paix intérieure qui réside en toi.

40

La dualité

Nous vivons dans cette dimension terrestre, appelée la 3D, où la dualité est omniprésente. Nous sommes individuels, séparés les uns des autres. La médecine chinoise illustre cette réalité à travers le symbole du *taiji* (yin et yang), où la séparation est à la fois interdépendante et opposée dans une unité profonde, se transformant mutuellement.

Ainsi, ta lumière intérieure ne peut exister sans ton ombre, car c'est dans le royaume humain que ton féminin rencontre ton masculin. Supprimer l'un des aspects aurait des conséquences en cascade sur l'autre partie.

La dualité est l'un des aspects les plus complexes à intégrer en tant qu'être humain, car cela exige d'accueillir toutes les facettes de qui nous sommes. Cela nécessite d'abandonner l'idée de perfection et de se tourner vers une acceptation complète de notre être véritable.

C'est dans cet accueil que nous trouvons la paix envers nous-mêmes, ce qui nous conduit à l'équilibre de nos polarités internes. Cet équilibre nous permet de danser avec fluidité et harmonie à travers la vie.

Alors, rappelle-toi que tu es à la fois lumière et ombre, féminin et masculin. Accepte chaque partie de toi-même, en reconnaissant que c'est dans cette intégration que tu trouves ton équilibre intérieur. Embrasse la dualité et danse avec elle, car c'est dans cette danse que réside la véritable harmonie.

EXPLORATION

Prends une feuille de papier et trace un trait vertical pour la diviser en deux parties égales.

À gauche, note tous les aspects de toi-même que tu n'aimes pas, en utilisant des adjectifs tels que colérique, jalouse, impatiente, paresseuse, etc.

À droite, note tous les aspects de toi que tu aimes, tels que généreuse, patiente, gentille, aimante, etc.

Reprends la feuille et cette fois, à gauche, note tes échecs ou ce que tu regrettes, en utilisant des phrases courtes. Fais de même à droite en notant tes réussites et ce dont tu es fière.

Maintenant, place-toi devant un miroir et lis à voix haute ce que tu as noté à gauche, en te regardant dans les yeux. Prends le temps de t'observer, de te reconnaître et d'assimiler ces aspects. Termine en disant avec conviction : « Je reconnais et j'accepte mon ombre féminine telle qu'elle est ! », lis à voix haute en te regardant toujours dans les yeux. Prends le temps de t'observer, d'intégrer ces aspects lumineux. Termine en affirmant avec force : « Je reconnais et j'accepte ma part masculine telle qu'elle est ! »

Dans la médecine traditionnelle chinoise, le féminin et le masculin ne sont pas liés à l'homme et à la femme, mais sont des polarités en chacun de nous. Il est important de souligner que l'intégration des aspects féminins et masculins peut varier et s'exprimer de différentes manières selon les personnes. L'objectif est de favoriser l'acceptation et l'équilibre entre ces polarités internes. En faisant cet exercice, rappelle-toi qu'il ne s'agit pas de te juger, mais de t'accueillir pleinement dans l'instant présent. Ces aspects peuvent évoluer et se transformer, car tu as le pouvoir de te changer et de grandir.

Prends le temps de réfléchir à ce que tu as noté et à la façon dont tu te perçois. Accepte chaque partie de toi-même, en reconnaissant qu'elles forment toutes ton être unique et précieux. Sois bienveillante envers toi-même et célèbre les aspects positifs qui te rendent fière.

41

La foi

Le terme « foi » est souvent associé à la religion, mais en réalité, avoir la foi signifie avoir l'assurance de rester fidèle à sa parole, d'accomplir précisément ce que l'on a promis. En fin de compte, avoir foi en toi-même te permet de t'honorer et de respecter l'engagement envers tes rêves ou ton chemin d'âme.

Peu importe la manière dont tu choisis de cheminer ou la vérité avec laquelle tu souhaites traverser cette voie de la foi. Le mot « foi » se retrouve également dans l'expression « une personne de bonne foi », qui met en avant la qualité d'une personne qui parle et agit avec une intention droite, sans malice.

La foi, à sa base, n'est donc en rien dogmatique, mais plutôt une forme de promesse envers toi-même.

Une promesse a une valeur puissante sur le plan énergétique, car elle crée un égrégore d'engagement, tout comme dans un mariage. C'est pourquoi, pour sortir d'une promesse, des rituels à plusieurs niveaux sont nécessaires afin d'éviter que la culpabilité ou les remords ne s'installent.

EXPLORATION

Réfléchis maintenant aux questions suivantes et prends le temps d'y répondre :

Quelles promesses ai-je faites à ma petite fille intérieure que je ne respecte pas encore aujourd'hui ? Ces promesses doivent être tenues afin que tu te sentes entendue et prise en compte.

Quelles promesses ai-je faites dans ma vie que je n'ai pas tenues et qui me bloquent dans mon quotidien ? Ces promesses doivent être coupées par un rituel. Tu peux utiliser un rituel basé sur les quatre éléments de l'oracle ou créer ton propre rituel. Prends un moment

pour dire : « Je coupe avec... (cite la promesse) sur tous les plans et toutes les dimensions, et je reprends mon plein droit divin. »

Quelles promesses mon âme a-t-elle faites à elle-même et que je n'ai pas encore entendues ? Plonge au plus profond de ton âme et écoute cette voix qui a tant à te révéler sur le chemin de la paix intérieure. Cette promesse est celle de la réalisation de ton éden intérieur, de la pleine expression de qui tu es vraiment.

42

Les croyances

Le monde repose sur des croyances. Tes propres croyances te guident dans une direction. Sans croyance, tu risques de stagner, de ne pas savoir quelle est ta vérité. Chacun pense détenir la vérité, mais même si la science prouve quelque chose, cela peut être contesté.

Le monde invisible qui nous entoure ne peut être directement observé, mais la science quantique tend à le soutenir. Ce qui est considéré comme vrai dans une religion peut ne pas l'être dans une autre. Ce qui est une vérité pour toi peut ne pas l'être pour ton voisin ou pour les membres de ta famille.

Les croyances nous aident à évaluer et à interpréter nos expériences quotidiennes pour construire notre réalité. Cependant, il est important de se rappeler que notre réalité n'est qu'une création de nos pensées. Si tu crois que la vie est injuste, alors la vie te présentera des expériences qui semblent confirmer cette croyance. C'est pourquoi la neuroscience soutient que la pensée positive peut effectivement changer ta réalité.

En modifiant tes croyances, tu as la capacité de changer qui tu es véritablement. En remettant en question les croyances limitantes et en adoptant des croyances qui te soutiennent, tu ouvres la porte à une transformation personnelle et à une réalité plus alignée avec tes aspirations.

Prends le temps d'examiner tes croyances actuelles et demande-toi si elles te servent réellement. Si certaines croyances limitent ta croissance ou te maintiennent dans des schémas négatifs, pense à les remplacer par des croyances plus positives et constructives. Sois ouverte à la possibilité de changer tes croyances et observe comment cela peut influencer ta perception du monde et ta réalité.

EXPLORATION

Tu vas t'engager à travailler sur tes croyances limitantes, celles qui entravent ton avancement.

Commence par écrire une liste de tes croyances, ce sont toutes ces phrases que tu dis en pensant que quelque chose n'est pas possible, en pensant que quelque chose n'est pas possible ou que tu n'en es pas capable, en te disant que tu ne peux pas le faire ou bien que c'est obligatoire.

Maintenant, trouve des raisons de ne pas croire en ces croyances. Utilise des exemples de personnes qui pensent différemment de toi, des preuves scientifiques, des témoignages inspirants. N'hésite pas à pousser l'exercice jusqu'à rendre ces croyances absurdes, comme si tu les ridiculisais. Imagine que tu joues un rôle au théâtre. Debout devant un miroir, exprime à voix haute, en utilisant tout ton corps, pourquoi ces croyances sont ridicules.

Puis, écris une liste de croyances qui, selon toi, peuvent t'aider dans ta vie et sur ton chemin personnel.

À nouveau, mime ces croyances avec ton corps et en les récitant à voix haute avec conviction, en utilisant une voix puissante, une tonalité assurée.

Répète cet exercice aussi souvent que nécessaire jusqu'à ce que tu commences à croire véritablement en tes nouvelles croyances.

Ce processus de travail sur les croyances limitantes et leur transformation en croyances positives peut demander du temps et de la pratique régulière. Sois patiente avec toi-même et reste engagée dans cette démarche. Avec le temps, tu verras que tes nouvelles croyances auront un impact positif sur ta perception de toi-même et sur tes actions au quotidien.

43

Le karma

Le karma est ton reflet, un miroir fidèle de tes pensées, paroles et actions. Chaque pensée que tu entretiens, chaque mot que tu prononces, chaque geste que tu accomplis a des conséquences qui se propagent dans l'univers. Rien n'est jamais perdu, car tout ce que tu sèmes finira par être récolté.

Le karma t'enseigne la responsabilité et l'autonomie. Tu es l'artisan de ta propre destinée, le gardien de ton propre bonheur. En agissant avec bienveillance, compassion et générosité envers les autres, tu attires vers toi des énergies positives qui se manifestent de différentes manières dans ta vie.

D'un autre côté, si tu agis avec malveillance, égoïsme et cruauté, le karma t'enseigne que ces énergies négatives te reviendront, créant des obstacles et des souffrances sur ton chemin.

Le karma te rappelle que tu es le créateur de ta réalité. Chaque choix que tu fais, chaque intention que tu nourris, te rapproche ou t'éloigne de l'harmonie et de l'équilibre. Lorsque tu prends conscience de ton pouvoir et de ta responsabilité, tu peux cultiver un karma positif qui nourrit ton âme et élève ton existence.

EXPLORATION

1. Réflexion : prends quelques instants pour réfléchir à tes propres actions passées. Pense à des moments où tu as agi avec bienveillance, compassion et générosité envers les autres, ainsi qu'à des moments où tu as agi avec malveillance, égoïsme ou cruauté. Prends conscience de l'impact que ces actions ont pu avoir sur toi-même et sur les autres.
2. Pose-toi les questions suivantes :
   - Quelles sont les actions positives que j'ai semées dans le passé et qui ont eu un impact bénéfique sur ma vie et sur celle des autres ?

- Quelles sont les actions négatives que j'ai semées et qui ont engendré des conséquences indésirables ?
- Comment puis-je rectifier mes comportements passés et présents pour créer un karma plus positif à l'avenir ?

3. Cultive la bienveillance : choisis une action positive que tu peux réaliser aujourd'hui pour semer des graines de bienveillance et de générosité. Cela peut être quelque chose d'aussi simple que faire un geste gentil envers un être cher, offrir ton aide à quelqu'un dans le besoin ou pratiquer la gratitude envers les personnes et les choses qui t'entourent.
4. Observe les effets : sois attentif aux effets de cette action positive dans ta vie et dans celle des autres. Remarque comment cela influence tes relations, ta perception du monde et ton bien-être général. Prends conscience de la façon dont tu peux contribuer à créer un karma plus positif en continuant

à semer des actions bienveillantes et positives.

En faisant cet exercice de réflexion, de prise de conscience et d'action, tu peux progressivement cultiver un karma plus positif et contribuer à créer une réalité plus harmonieuse pour toi-même et pour ceux qui t'entourent.

44

Le transgénérationnel

Le transgénérationnel te concerne directement, toi et ta lignée familiale. Il fait référence à la transmission de certaines caractéristiques, expériences et traumatismes d'une génération à une autre. Cela signifie que des événements, des schémas comportementaux et des émotions peuvent être transmis de manière inconsciente à travers les générations, influençant ainsi tes propres développement et fonctionnement.

Les mécanismes de transmission transgénérationnelle peuvent prendre différentes formes. Par exemple, la communication verbale et non verbale, les croyances familiales, les schémas de comportement, les rituels et même les secrets de famille jouent un rôle dans la transmission des expériences passées. Les traumatismes non résolus peuvent également être transmis à travers les générations, ce qui peut avoir des répercussions émotionnelles, comportementales et relationnelles dans ta vie.

Prendre conscience du transgénérationnel est essentiel, car cela te permet de comprendre certains schémas récurrents présents dans ta famille et de briser le cycle des traumas non résolus. En identifiant et en explorant les histoires et les émotions qui se sont transmises d'une génération à l'autre, tu peux commencer à guérir et à te libérer des fardeaux hérités. C'est un processus puissant qui te donne l'opportunité de créer un avenir différent et plus épanouissant pour toi-même et les générations à venir.

EXPLORATION

Choisis un moment calme et tranquille où tu peux te concentrer sur toi-même.

Prends quelques respirations profondes pour te détendre et te recentrer.

Visualise-toi entourée d'une lumière protectrice et aimante. Sens cette lumière t'envelopper, te réchauffer et te remplir de bienveillance.

Prends quelques instants pour te connecter à ta lignée familiale. Imagine-toi reliée à tes ancêtres, à toutes les générations passées et futures de ta famille. Ressens cette connexion profonde et aimante qui te relie à eux.

Prends conscience des schémas, des traumatismes ou des charges émotionnelles transgénérationnelles que tu souhaites libérer. Identifie les émotions, les croyances limitantes ou les comportements répétitifs que tu ressens être hérités de tes ancêtres.

Visualise ces schémas ou ces charges émotionnelles représentés sous une forme concrète. Cela peut être une couleur, une image, un objet, ou même une représentation symbolique.

Imagine-toi tenant cet objet ou cette représentation dans tes mains. Prends conscience de son poids, de son énergie et de son influence sur ta vie.

Respire profondément et imagine que tu libères cette charge transgénérationnelle. Tu peux visualiser cette charge se dissoudre, se transformer en lumière ou être emportée par le vent. Sens le soulagement et la libération qui accompagnent ce processus.

Prends un moment pour te recentrer et ressens l'espace intérieur qui a été libéré. Remplis cet espace de lumière, de paix et d'amour.

Exprime ta gratitude envers tes ancêtres pour les leçons apprises, les forces transmises et les opportunités de croissance qu'ils t'ont offertes. Ressens la gratitude envers toi-même pour ton courage de briser les schémas hérités et d'ouvrir la voie à une nouvelle réalité pour toi et les générations à venir.

REMERCIEMENTS

Chère maison d'édition Trédaniel, chère Clara, chère Stéphanie Pitino,

Je tiens à vous adresser ce message de profonde gratitude. Vous êtes des piliers essentiels dans la réalisation de cet oracle, et je suis honorée de pouvoir collaborer avec vous tous. Votre soutien, votre expertise et votre dévouement permettent à cet oracle de prendre vie et de toucher le cœur de nombreux lecteurs, j'en suis certaine.

Trédaniel, votre maison d'édition est une véritable référence dans le domaine de la spiritualité et du développement personnel. Je suis reconnaissante d'être accueillie au sein de votre famille d'auteurs, et de pouvoir partager ma vision avec un public avide de connaissances et de compréhension.

Clara, tu guides ce projet avec bienveillance et professionnalisme. Tes précieux conseils, ton regard aiguisé et ton soutien contribuent à l'épanouissement de mon travail. Je suis honorée de bénéficier de ton expertise et de ta confiance.

Stéphanie Pitino, ton talent artistique donne vie à mes mots de manière magistrale. Tes illustrations capturent l'essence même de l'oracle et transportent les lecteurs dans un monde visuel enchanteur. Je suis admirative de ton travail et reconnaissante de notre collaboration fructueuse.

Et à toi, mon cher mari, ainsi qu'à mes merveilleux enfants Mathéo, Jonah et Lisa, je souhaite exprimer ma plus profonde reconnaissance. Votre soutien inconditionnel, votre amour et votre compréhension sont ma source d'inspiration constante. Vous m'encouragez à suivre mes rêves, à explorer mon cheminement spirituel tout en restant fidèle à mes racines scientifiques. Votre présence à mes côtés est mon plus grand soutien, et je suis honorée de vous avoir comme famille.

À tous les lecteurs qui ont la chance de parcourir les pages de cet oracle, je vous encourage à suivre vos propres rêves et à ouvrir votre conscience. Il est possible d'être à la fois scientifique et sur un chemin spirituel. La quête de vérité et de compréhension ne connaît pas de limites, et je vous invite à explorer les merveilles qui vous attendent au-delà de ce que vous connaissez déjà.

Je vous remercie encore, du fond du cœur, chacun d'entre vous. Votre contribution fait de ce projet une réalité qui dépasse mes espérances. Que notre collaboration continue d'inspirer et de toucher les âmes en quête de connaissance et de transformation.

Avec toute ma gratitude,

Eloha Loups

À PROPOS DE L'AUTEURE

Chère lectrice,

Permet-moi de te présenter l'auteure qui se cache derrière ces mots empreints de passion et de dévouement. Je suis une femme qui a consacré plus de vingt-deux années de sa vie au développement personnel, à la nutrition diététique, à la médecine traditionnelle chinoise, au féminin sacré et à la libération des entraves chez l'humain.

Mon cheminement spirituel, et mes visions depuis mon enfance, m'ont conduite à embrasser des croyances profondes en une lumière divine ; mais aussi en le fait que certains d'entre nous sont ici sur Terre pour accomplir des missions de conscience et d'amour.

Mes passions sont diverses, allant du sport à la nature, de la création de contenu sur les réseaux sociaux à la gestion d'un gîte conçu comme un sanctuaire pour l'âme en quête de ressourcement.

À travers mes écrits, nous explorerons ensemble la spiritualité ancrée, toujours dans un esprit de bienveillance et de respect envers chaque être et chaque croyance.

Avec amour et lumière,

Eloha Loups

www.unispi.com

www.terredevieterredamour.com

www.facebook.com/unispi11

@elohaloups

À PROPOS DE L'ILLUSTRATRICE

Stéphanie Pitino, alias ClairObscur Art, est une artiste intuitive et passionnée. Graphiste web-designer de formation, elle s'est spécialisée dans l'illustration fantasy (couverture de romans, oracles, calendriers...), et utilise plusieurs techniques de création telles que le photomontage et le digital painting enrichi avec les technologies émergeantes.

Inspirée depuis toute petite par les univers féeriques, mythologiques, par la nature et par tout ce qui touche aux mondes subtils et imaginaires, elle est aujourd'hui toujours guidée par l'envie de partager ses rêves et ses émotions.

Également photographe à Chambéry et créatrice de bijoux, elle crée des collections avec des pierres fines.

Sites internet : www.clairobscur-art.com / www.stephanie-pitino.fr

Boutiques : www.bijoux-clairobscur.com / www.etsy.com/fr/shop/ClairObscurArt

www.facebook.com/clairobscur.art

@clairobscur.art et @stephanie.pitino

pca
cmb
édition pré-presse
livres numériques

44400 Rezé

Dépôt légal : avril 2024

Dans l'ascension, il est recommandé de travailler sur soi-même, d'adopter des pratiques spirituelles régulières telles que la méditation, la prière, la visualisation, le travail énergétique, et de cultiver des qualités telles que l'amour inconditionnel, la compassion et le lâcher-prise.

En fin de compte, l'ascension est un voyage vers l'éveil spirituel et la réalisation de notre véritable nature. C'est un processus continu qui peut être enrichissant, mais aussi exigeant. Chaque étape du chemin apporte de nouvelles opportunités d'apprentissage et de croissance, et nous rapproche de la réalisation de notre plein potentiel spirituel.

Bienvenue dans *L'Oracle de l'ascension* pour t'aider dans ta quête !

PRÉSENTATION DE L'ORACLE

Cet oracle se décompose en quatre parties :

Les cartes « conscience »

La conscience est la clé qui ouvre les portes de notre réalité intérieure et nous relie au monde qui nous entoure.

Elle est le miroir de notre être, révélant nos pensées, nos émotions et notre perception du monde.

Par son pouvoir transformateur, la conscience nous invite à explorer notre nature profonde et à éveiller notre véritable potentiel.

Tu es invitée à méditer avec les cartes conscience en lisant le message chaque soir avant de t'endormir.

Les cartes « symboles »

Les symboles sont des portes mystérieuses qui transcendent les limites du langage et communiquent avec notre inconscient.

Ils sont des clés qui déverrouillent des significations profondes et nous connectent à des dimensions plus vastes de compréhension.

À travers leur langage universel, les symboles nous guident vers des révélations et des résonances qui transcendent le rationnel.

Tu es invitée à méditer avec ces cartes lorsque tu te sens bloqué dans une situation.

Les cartes « alliés »

Les alliés invisibles sont les forces subtiles qui nous accompagnent et nous soutiennent dans notre parcours de vie.

Ils se manifestent par des signes, des intuitions et des synchronicités, guidant nos pas vers notre plus haut bien.

En nous reliant à ces alliés, nous trouvons un soutien invisible mais puissant qui nous aide à traverser les défis et à réaliser notre plein potentiel.

Tu es invitée à demander de l'aide avec une intention claire à l'un d'eux lors de tes blocages.

Les cartes « explorations »

L'éveil de soi est un voyage intérieur qui révèle la véritable nature de notre être, au-delà des masques et des conditionnements.

Il nous enseigne la valeur de l'authenticité, de l'amour-propre et de la connexion profonde avec notre essence divine.

L'apprentissage de l'éveil de soi nous invite à embrasser le pouvoir de la conscience, à cultiver la gratitude et à embrasser le chemin de la croissance personnelle et spirituelle.

Tu es invitée à mettre en pratique l'exercice pour lever les masques.

Les cartes

- Les cartes « conscience » sont avec un liseré or - dix cartes.
- Les cartes « symboles » avec un liseré vert - douze cartes.
- Les cartes « alliés » avec un liseré bleu - douze cartes.
- Les cartes « exploration » avec un liseré rouge - dix cartes.

En utilisant le féminin dans l'écriture de cet oracle, je souhaite promouvoir l'égalité des genres et reconnaître le rôle important des femmes dans tous les domaines de la vie.

COMMENT UTILISER CET ORACLE

TIRAGE 1 : TIRAGE À UNE CARTE

Intention : Avant tout, définis clairement ce que tu cherches à comprendre ou à résoudre. Quel est ton objectif pour ce tirage ? As-tu besoin de conseils (carte conscience), d'une aide (carte alliés), d'une inspiration (carte symboles) ou d'une réflexion (carte explorations) sur un aspect de ta vie ?

1. Symboles - Cette carte représente les symboles qui sont importants pour toi en ce moment. Elle peut indiquer des signes, des archétypes ou des éléments visuels qui portent une signification profonde dans ton parcours actuel. Explore et médite sur les symboles qui apparaissent sur cette carte pour comprendre leurs messages et leur influence dans ta vie.

2. Explorations - Cette carte invite à l'exploration intérieure et à l'ouverture à de nouvelles expériences. Elle suggère de sortir de ta zone de confort, d'embrasser l'inconnu et de t'aventurer vers des territoires inexplorés. Cette carte t'encourage à être curieuse, à apprendre et à grandir à travers tes expériences.

3. Alliés - Cette carte révèle les alliés invisibles qui t'entourent et te soutiennent dans ton cheminement. Elle peut représenter des guides spirituels, des anges, des ancêtres ou toute autre force bienveillante qui t'accompagne. Sois ouverte à la guidance et aux signes subtils de ces alliés, et utilise leur soutien pour te guider dans tes décisions et actions.

4. Conscience - Cette carte met l'accent sur l'importance de la conscience et de la pleine présence dans ta vie. Elle t'encourage à être attentif à tes pensées, à tes émotions et à tes actions, et à cultiver une conscience plus profonde de toi-même et de ton environnement. Utilise cette conscience pour prendre des décisions éclairées et pour nourrir une croissance personnelle et spirituelle continue.

Focalisation : concentre-toi sur ta question ou ton intention tout en mélangeant les cartes selon ton objectif. Prends quelques respirations profondes et fais confiance à ton intuition.

Tirage : quand tu te sens prête, arrête de mélanger les cartes et choisis celle qui attire le plus ton attention, ou utilise une méthode de tirage spécifique, comme le mélange en éventail ou le tirage en croix.

Interprétation : Après avoir tiré la carte, interprète-la en fonction de ta question ou de ton intention. Fais confiance à ton intuition, à tes émotions et à tes connaissances personnelles.

Réflexion : prends du recul et lis la signification de la carte. Comment peut-elle te guider ou t'éclairer ?

Action : en fonction de l'interprétation, décide des actions à entreprendre, des décisions à prendre ou des réflexions à approfondir en utilisant la guidance de la carte.

Le choix de la carte repose sur ton intuition, tes émotions et ton lien avec le jeu d'oracle. Il n'y a pas de bonne ou de mauvaise façon de choisir, tant que tu es sincère dans ton intention et ouverte à la signification que la carte te révèle.

TIRAGE 2 : QUATUOR

C'est une excellente approche pour utiliser les cartes oracle dans le cadre de la résolution de problèmes et de la recherche de guidance. En suivant ces étapes, tu peux accéder à des messages et des conseils spécifiques pour t'aider dans ta situation.

1. Centre-toi dans ton cœur et réfléchis à ta problématique en la ressentant et en la visualisant.
2. Étale les cartes « Conscience » et tire une carte. Lis la carte à voix haute en savourant chaque mot, en accordant une attention particulière à son message.
3. Prends les cartes « Alliés » et pose l'intention de savoir quel allié peut t'aider à résoudre ta problématique. Tire une carte. Ensuite, invoque la présence de cet allié en le nommant trois fois, affirmant que tu requiers sa présence et son soutien.

4. Continue en tirant la carte « exploration », en posant l'intention de découvrir quel exercice ou quelle leçon spécifique peut t'aider à résoudre ta problématique. Laisse la carte te guider vers une pratique ou un apprentissage qui te permettra de progresser.
5. Enfin, tire la carte « Symbole » et demande quel symbole peut t'aider à transmuter ta situation. Garde ce symbole près de toi, sur ta table de chevet par exemple, pour qu'il puisse te nourrir et t'inspirer pendant quelques jours.

En suivant ce processus, tu te connectes à ton intuition et à la sagesse de l'univers à travers les cartes oracle. Cela peut t'apporter des perspectives nouvelles et des réponses inspirantes pour avancer sur ton chemin de vie.

TIRAGE 3 : ANNÉE SPIRITUELLE

Voici un exemple de tirage pour une année mois par mois.

Pour ce tirage, nous allons utiliser douze cartes tirées au sort avec conscience, représentant chacune un mois de l'année.

1. Mélange le jeu d'oracle et pose-le devant toi.
2. Concentre-toi sur l'année à venir et sur ton intention de recevoir des conseils pour chaque mois.
3. Commence par le mois de janvier. Prends une carte du jeu et retourne-la.
4. Lis attentivement la signification de la carte pour le mois de janvier. Médite sur son message et réfléchis à la manière dont il peut s'appliquer à ta vie.
5. Répète le processus pour les mois suivants, en tirant une carte pour chaque mois de février à décembre.
6. Prends le temps de te connecter à chaque carte, de méditer sur son énergie et d'envisager comment elle peut influencer ton expérience pendant le mois correspondant.
7. Prends des notes ou tiens un journal pour consigner les messages, les réflexions et les inspirations que tu reçois tout au long du tirage.
8. Garde les cartes visibles dans un endroit spécial, comme un autel ou un coin sacré, où

tu pourras les consulter régulièrement tout au long de l'année.

Ce tirage t'offre des orientations mensuelles pour guider ton chemin tout au long de l'année. Les cartes te fourniront des perspectives uniques, des conseils et des encouragements pour chaque mois spécifique. N'hésite pas à interpréter les cartes en fonction de ta propre intuition et à les utiliser comme source d'inspiration et de réflexion dans ton parcours tout au long de l'année.

CARTES CONSCIENCE

1

La discipline

La discipline est le moyen par lequel tu donnes une direction à ton corps, permettant ainsi la connexion avec ton âme et ton esprit. C'est comme sculpter un morceau de bois pour en faire une œuvre d'art.

Dans ton cas, tu façonnes ton corps pour qu'il puisse comprendre le langage de ton âme, qui est celui d'écouter ton cœur et d'explorer l'amour sur Terre. Ton corps peut également écouter ton esprit, qui communique dans le langage céleste et représente ta part divine, afin de faire descendre ta propre lumière dans la matière.

Lorsque ton corps est capable d'écouter ton âme et ton esprit, des ponts se créent entre ces trois éléments (corps, âme et esprit), te permettant de rayonner l'amour et de vivre en paix intérieure.

La discipline est une expérience individuelle, propre à chaque être humain, car toutes les âmes sont venues sur Terre pour expérimenter l'amour à travers des expériences uniques. Chaque esprit rayonne un encodage de lumière spécifique sur Terre, rendant la discipline personnelle et adaptée à ton cheminement spirituel.

MESSAGE

« Tu ressens le besoin de discipline, mais tu la rejettes par peur. Peur de perdre ta liberté, peur de te conformer aux attentes que tu te fixes toi-même. Cependant, ces efforts sont une preuve d'amour envers toi-même, en fournissant au corps ce dont il a besoin pour entendre les appels de ton âme et de ton esprit.

Tu refuses d'écouter la discipline car tu souhaites être rebelle, te sentir unique avant tout. Bien sûr, tu es unique, et ta discipline sera la tienne, mais elle aura aussi des similitudes avec celles des autres, car il existe de nombreux chemins qui nous relient tous. En refusant ce lien qui te relie à tes semblables, tu te prives d'une connexion profonde.

En acceptant de t'engager pleinement dans cette vie, en mobilisant tout ton être, ton corps, ton âme et ton esprit, tu choisis volontairement de te mettre au service de ton être divin, connecté à l'ensemble. Ainsi, te servir signifie également servir les autres, l'univers tout entier et les étoiles qui nous entourent. »

2

La compassion

Dans le développement personnel et spirituel, on a souvent tendance à privilégier la recherche de la lumière pour atteindre l'ascension. Pourtant, c'est en descendant dans tes corps, jusqu'au niveau du corps physique et de l'incarnation dans la matière, que tu pourras réellement tisser des liens profonds.

Le lien entre les êtres humains est l'apprentissage essentiel sur Terre, non pas pour trouver une sécurité, mais pour trouver un contentement dans chaque aspect de la vie.

Ce lien ne peut se former que si tu plonges profondément dans la réalité de chaque individu, dans son histoire et dans son état actuel. C'est dans cet espace que tu pourras ouvrir ton cœur à la compassion en te connectant à la souffrance humaine, en commençant par la tienne.

D'ailleurs, c'est le message principal que Marie a transmis à travers ses apparitions mariales à travers le monde entier. Tu as aussi en toi la capacité de trouver cette énergie mariale et de l'incarner dans ta propre vie.

MESSAGE

« La compassion est un baume précieux mis à ta disposition pour embrasser pleinement ton humanité. Elle te permet de créer une connexion authentique avec les autres, car tu te reconnais, à ce moment précis, aussi humain qu'eux. Quel baume es-tu prête à offrir pour te lier à ton prochain ?

Il est temps de descendre de ton piédestal, d'écouter, de poser une main sur l'épaule et de ne chercher rien d'autre que de connaître l'histoire de l'autre. Il est temps de te connecter aux autres et de ne plus t'isoler en pensant que tu es différente, plus consciente ou meilleure. Car au cœur de l'humanité, chacune porte ses propres blessures, prêtes à être partagées.

Il est temps de t'ouvrir à l'énergie maternelle dont ce monde a tant besoin. Une énergie qui ne juge pas, qui écoute avec tendresse, patience et silence.

La compassion est la clé qui ouvre les portes de l'amour inconditionnel et de la guérison profonde. »

3

La beauté

La beauté va au-delà de ce que tu perçois, car ce que tu vois est teinté de tes propres filtres, croyances et ego. La beauté se ressent à travers le corps, elle est l'expression de ce que tu peux accueillir dans ce monde et reflète la beauté que tu perçois en toi-même. Parfois, elle se manifeste de manière brute pour te secouer et te faire ressentir tes émotions les plus profondes, tandis que d'autres fois, elle se présente de manière douce.

La beauté ne se conforme pas aux critères sociaux, car chacune la perçoit selon son propre cheminement. Elle engendre ainsi la diversité qui enrichit notre Terre et l'humanité. Alors, au lieu de juger ce qui est beau ou laid, considère que chaque forme de beauté est une richesse pour le monde, même si elle ne touche pas directement ton cœur.

La beauté de l’humanité réside dans sa capacité à aimer, à créer des liens et à faire preuve d’empathie envers les autres.

Chaque être humain porte en lui une beauté unique, une histoire qui le rend précieux et une capacité infinie à se transformer et à se transcender.

MESSAGE

« Prends un instant pour fermer les yeux et t’asseoir confortablement. Permets-toi de ressentir le souffle caresser ta peau, l’énergie qui t’entoure, et écoute attentivement les sons qui t’entourent. Place une main sur ton cœur pour sentir ses battements.

Maintenant, ouvre les yeux et observe les objets près de toi, la circulation de l’énergie, et les personnes présentes. Cherche en chaque élément qui t’entoure ce qui te nourrit et ce que tu trouves beau : une courbe, une couleur, une simplicité apaisante, un son réconfortant, un parfum qui te transporte, un sourire qui illumine ton visage...

La beauté se trouve là où tu choisis de la regarder. Entraîne-toi à voir la beauté dans chaque instant de ta vie, et ta réalité sera teintée de cette splendeur.

La beauté se révèle dans la diversité des visages, des corps et des âmes humaines, formant une symphonie harmonieuse de singularités.

L'essence de la beauté réside dans la capacité des humains à rayonner l'amour, la compassion et la bonté, illuminant ainsi le monde de leur présence. »

4

La puissance

Il est important de faire la distinction entre puissance et pouvoir. Historiquement, lorsque les femmes ont démontré leur puissance, notamment à travers des pratiques liées à la sorcellerie, elles ont souvent été persécutées et brûlées. Le christianisme a contribué à reléguer le rôle des femmes à celui de mères et d'éducatrices, tandis que les hommes accédaient au pouvoir. Au fil des siècles, les hommes ont développé une crainte de la puissance des femmes, qui à leur tour ont fini par la craindre elles-mêmes. Cependant, il est important de souligner que si tu es un homme et que tu as peur de la puissance des femmes, cela peut être le signe que tu n'as pas encore appris à maîtriser ta propre puissance !

La puissance est un don naturel accordé à tous les êtres humains afin de s'épanouir et de s'accomplir. Lorsque je parle d'accomplissement, je ne fais pas référence à la satisfaction de désirs matériels ou à une soif de violence présente dans les guerres. Il s'agit plutôt d'un accomplissement spirituel, d'oser emprunter le chemin de la vie en toute confiance envers l'univers, qui est notre guide premier au quotidien.

MESSAGE

« N'oublie jamais la puissance qui brûle en toi. Tu es capable de créer, d'aimer et de transformer le monde. Laisse ta lumière intérieure rayonner et réaliser ton potentiel infini.

N'oublie jamais que la puissance réside en toi. Apprends à la maîtriser, à l'embrasser et à la diriger vers la réalisation de tes rêves les plus profonds. Tu es capable de créer et d'accomplir des merveilles au-delà de toute limite imaginable.

Mets-toi debout et engage ton périnée tout en rentrant ton ventre. Ressens ton bassin. Place ta conscience à deux doigts sous ton nombril et trois doigts à l'intérieur de ton ventre. À cet endroit se trouve un centre énergétique essentiel appelé le Dan Tian, qui est le point de départ de la Kundalini. Ce point est responsable de l'activation de ton feu intérieur, de la production et de la conservation de ton énergie vitale.

Nourris ce centre comme tu nourrirais un enfant avec amour et conscience. Prends conscience de l'importance précieuse de cette zone afin que cette énergie puisse servir ton cheminement spirituel, une quête de communion avec la nature, avec l'humanité et avec ton être supérieur. »

5

L'engagement

S'engager est un acte de foi et d'incarnation sur cette Terre. Avant de t'engager, il est essentiel de savoir envers quoi tu t'engages, car s'engager pour des causes extérieures peut conduire à la déception. Cependant, s'engager sur ton chemin spirituel, vivre pleinement, être plutôt que faire, méditer pour devenir unité, et vivre dans la joie à chaque instant, sera un magnifique parcours d'apprentissage et de réussite.

Aujourd'hui, nous avons oublié d'apprendre aux enfants à s'engager au profit de la notion de liberté. Mais la véritable liberté se gagne en faisant l'effort de se respecter et de s'écouter. En nous respectant, nous respectons également les autres. La liberté ne consiste pas à faire ce que nous voulons quand nous le voulons, mais à être prêt à fournir les efforts, à avoir la foi, la confiance, et à écouter notre instinct, peu importe ce qui se passe autour de nous. Ainsi, même face à une tornade, tu auras toujours les ressources en toi pour vivre cette expérience avec liberté et selon les valeurs qui te composent.

MESSAGE

« Je t'invite à t'engager pleinement dans ta propre vie. Dis "oui" à chaque opportunité qui se présente à toi, en embrassant tes passions et tes rêves les plus profonds.

Avance avec détermination, en écoutant la voix de ton cœur et en suivant ton intuition, car elles te guideront vers ton chemin véritable.

N'aie pas peur des défis ou des incertitudes, car c'est à travers eux que tu grandis et que tu te découvres. Sache que chaque pas que tu fais dans l'engagement envers toi-même est une étape vers l'épanouissement et la réalisation de ton potentiel infini.

Tu mérites de vivre une vie remplie de sens, de passion et de bonheur. Alors, engage-toi envers toi-même et fais de chaque instant une occasion de créer ta propre histoire.

Engage-toi à nouveau en disant “oui” à la vie. Ce “oui” doit prendre forme en toi pour que tu ressentes que tu es exactement là où tu dois être !

Ce “oui” demande que tu avances avec toute la force de ton être et avec tous les moyens à ta disposition, sans te poser de questions, car tu sais que les pensées peuvent être ton pire ennemi et que ton intuition est ton meilleur guide. Vers quoi t’engages-tu ? C’est là que commence toute l’histoire de ta vie ! »

6

Le savoir

La voie du savoir a longtemps été utilisée pour transmettre les connaissances universelles, afin de préserver ce trésor depuis les temps anciens. La connaissance renferme le pouvoir, car elle ouvre l'accès aux lois universelles et terrestres, offrant ainsi la possibilité de les utiliser de manière éclairée. Connaître, c'est savoir comment avancer sur cette Terre en utilisant son libre arbitre.

C'est pourquoi les loges anciennes et l'Égypte antique ont toujours été entourées de tant de mystères. La connaissance n'était accordée qu'à ceux qui la méritaient, à ceux qui osaient traverser les épreuves initiatiques. Aujourd'hui, bien que cette connaissance continue d'être transmise au sein des loges, l'énergie de libération présente sur Terre permet à chacune de s'en emparer directement.

S'approprier ces connaissances, c'est pouvoir choisir sa voie en ayant une compréhension claire. Aujourd'hui, le savoir n'est plus la seule voie possible. Depuis l'avènement de Jésus sur Terre, il est désormais possible d'opter pour la voie du cœur, qui enseigne à travers les sens et la connexion profonde avec notre être intérieur.

MESSAGE

« Écoute ton cœur, car en lui réside la sagesse qui te guide. Ouvre ton esprit, car il est prêt à recevoir les enseignements du monde. Crois en toi, car tu possèdes le pouvoir de découvrir et de partager ton propre savoir. »

Il est temps de choisir ta voie, celle qui porte ton message et ta vérité au monde. Cette voie se forge avec le temps et l'expérience, devenant à la fois un savoir-être et un savoir-faire.

Tu as le privilège de choisir parmi différents chemins, car tous mènent à la connaissance universelle et à cette dimension supérieure qui te permettront de toucher à l'unité et au divin.

Sens-toi légitime dans ta quête des secrets de cette vie sur Terre, car personne ne peut prétendre en être le seul détenteur. Cependant, il est essentiel d'avoir cette étincelle d'envie en toi, car c'est ainsi que l'univers te guidera sur le chemin menant à ces connaissances.

Rappelle-toi que la connaissance n'est plus le seul moyen d'atteindre l'unité. Désormais, la voie du cœur, associée au savoir-être, est devenue la voie de réconciliation de l'humanité. »

7

Le discernement

Le discernement est la clé de la sagesse, nous permettant de faire des choix éclairés. Il allie connaissance et intuition pour distinguer ce qui est juste pour nous. En cultivant notre discernement, nous trouvons l'alignement avec notre vérité intérieure.

Avoir du discernement aujourd'hui est synonyme de liberté de choix. Il peut s'appuyer sur la connaissance, mais aussi sur l'intuition. Reconnaître ce qui est juste pour nous implique de se souvenir que chaque être humain est unique, et que ce qui est en alignement pour l'un ne l'est pas forcément pour l'autre.

C'est pourquoi il est important de cultiver nos filtres. Ces derniers agissent comme de la dentelle entre notre être et la réalité de notre âme. Ils peuvent être poussiéreux, sans trous, noircis par manque de nettoyage, ou même criblés de trous béants qui laissent tout passer.

Pour exercer notre discernement, il est donc nécessaire de devenir maître de notre existence et de choisir consciemment le chemin que nous souhaitons emprunter : nourrissons-nous la lumière ou l'ombre dans notre quotidien ?

MESSAGE

« Laisse le discernement être ton guide, illuminant ton chemin de clarté et de sagesse. Écoute ta voix intérieure, car elle détient la vérité qui résonne avec ton être le plus profond. Sois courageux dans tes choix, en rejetant les influences extérieures et en suivant la boussole de ton discernement intérieur.

Permets-toi de voir au-delà des illusions et des apparences, en te connectant à la vérité authentique qui réside en toi. En cultivant ton discernement, tu trouveras l'alignement avec ta destinée et la paix dans tes décisions.

Être à ta place exige de connaître ce que tu souhaites apporter au monde. Être aligné à ta place nécessite de choisir chaque jour de nourrir la lumière qui réside en toi. Pour être joyeux à ta place, il est essentiel de nourrir ton âme au quotidien, en écoutant ta véritable essence et en transcendant les filtres de l'éducation, des croyances limitantes, de l'autosaboteur intérieur et des jugements des autres. Être à ta place demande une discipline pour transcender les filtres de ton ego et entrer en dialogue avec ton être divin, ouvrant ainsi la voie à une vision vaste et magnifique de la vie sur Terre. »

8

L’alignement

L’alignement est un équilibre entre la posture physique, énergétique, mentale et astrale. Sur le plan physique, il requiert une posture droite, avec la colonne vertébrale bien alignée, le bassin neutre, le front orienté vers l’avant, la tête tournée vers le ciel et les pieds fermement enracinés dans le sol.

D’un point de vue énergétique, l’alignement implique l’ouverture et l’équilibre de chacun des sept centres énergétiques (les chakras), s’ouvrant vers l’extérieur tout en maintenant un équilibre interne.

Sur le plan mental, être aligné signifie savoir où l’on va, donner une direction, un sens et une intention à notre chemin.

Enfin, être aligné sur le plan astral consiste à rechercher la sacralité plutôt que l’extrémisme, en rendant chacun de nos pas sacrés plutôt que de s'évader dans les étoiles.

L'alignement est l'harmonie entre notre être intérieur et notre expression extérieure. C'est trouver l'équilibre entre nos valeurs, nos actions et notre véritable essence. En étant alignés, nous trouvons la paix, la clarté et la puissance dans notre chemin de vie.

MESSAGE

« Écoute-toi attentivement, car ton corps et ton esprit te guident vers l'alignement parfait. Permets à tes besoins et à tes aspirations profondes de s'exprimer, créant ainsi une harmonie intérieure. Trouve cet équilibre où chaque partie de toi est honorée et respectée, dans une danse sacrée de l'âme. En étant aligné avec ta véritable essence, tu rayonnes de vitalité, de paix et d'épanouissement.

Chercher l'alignement, c'est écouter chaque jour ton corps et ses besoins, afin d'y répondre avec bienveillance. C'est aussi savoir communiquer entre les différents corps, permettant ainsi une marche harmonieuse, sans chercher à dominer ou à négliger l'un au détriment de l'autre. C'est une danse véritable, où chaque corps trouve un accord commun, respectant les besoins individuels tout en équilibrant l'ensemble.

Lorsque tu te sens aligné dans tes corps, tu ressens une vitalité rayonnante dans ton corps physique, une plénitude dans ton corps énergétique, une complétude dans ton corps astral, et une clarté mentale qui t'apporte la joie profonde. »

9

La graine de l'amour

La graine de l'amour réside en chacune de nous, attendant patiemment d'être cultivée et nourrie. Elle est la semence divine qui fleurit dans nos cœurs, prête à éclore et à rayonner. Cette graine d'amour ne connaît pas de limites ni de conditions, elle est pure et inconditionnelle, prête à embrasser chaque être et chaque instant de la vie. Elle est source de compassion, de bienveillance et de connexion profonde avec notre propre essence et celle des autres. En accordant notre attention et notre intention à cette graine d'amour, nous pouvons le faire croître et répandre sa lumière dans le monde.

L'amour véritable transcende les conditions et les attentes, il est pur et libre de toute limitation. Nous avons tendance à associer l'amour à des attentes pour recevoir des gestes ou des paroles, pour nous sentir aimés ou en sécurité, pour occuper un rôle dans la vie des autres. Cependant, la véritable essence de l'amour n'est pas soumise à de telles conditions : « je t'aime si » ou « je t'aime à condition que ».

L'amour véritable est présent partout, dans chaque lieu et en chaque être. Il se révèle à ceux qui l'appellent avec un cœur ouvert et humble. Il transcende les frontières de la Terre, devenant une lumière éternelle dans les plans supérieurs. Lorsque nous nous connectons à cet amour sans condition, nous découvrons une force qui embrasse l'univers tout entier.

MESSAGE

« La graine d'amour brille en toi, prête à s'épanouir et à illuminer ta vie. Permets-lui de grandir en cultivant la bienveillance envers toi-même et les autres. Nourris cette graine avec des pensées aimantes, des paroles bienveillantes et des actes de générosité. Laisse cet amour germer et se répandre, transformant ton existence en une symphonie de compassion et de connexion profonde.

Se relier à l'énergie d'amour universelle te demande de mettre de côté tes guerres intérieures. Il y a des parties en toi qui se sentent délaissées, apeurées, ou même inexistantes. Mais tout cela est lié à ton jeu d'incarnation ; car dans ton être supérieur, tu es déjà aimée, comblée et remplie.

Souviens-toi de cela, afin que ces blessures soient visitées avec bienveillance et compassion par ton être supérieur. Tu recevras compassion, grâce et plénitude dans l'instant présent. Prends de la hauteur pour aider ta part humaine à voir au-delà de ce qui te fait perdre une vision globale.

En te focalisant trop sur les détails, tu oublies d'observer la toile que tu as créée dans son ensemble, qui est déjà un cadeau en soi. »